教室里的非暴力沟通

[美]苏拉·哈特（Sura Hart） 著
[美]维多利亚·霍德森（Victoria Kindle Hodson）

杨洁 译

The Compassionate Classroom

非暴力沟通系列
爱的语言

华夏出版社
HUAXIA PUBLISHING HOUSE

图书在版编目（CIP）数据

教室里的非暴力沟通 /（美）苏拉·哈特（Sura Hart），（美）维多利亚·霍德森著；杨洁译 . -- 北京：华夏出版社有限公司，2023.1（2025.7重印）
（非暴力沟通系列）

书名原文：The Compassionate Classroom

ISBN 978-7-5222-0142-9

Ⅰ.①教… Ⅱ.①苏… ②维… ③杨… Ⅲ.①小学教育—教育研究 Ⅳ.① G622.0

中国版本图书馆 CIP 数据核字（2021）第 156728 号

Translated from the book **The Compassionate Classroom, ISBN 13/10: 9781892005069/1892005069,** by **Sura Hart & Victoria Kindle Hodson.** Copyright © **Fall 2004** PuddleDancer Press, published by PuddleDancer Press, All rights reserved. Used with permission. For futher information about Nonviolent Communication[TM] please visit the Center for Nonviolent Communication on the Web at: www.cnvc.org.

版权所有，翻印必究。
北京市版权局著作权合同登记号：图字 01-2012-7333 号

教室里的非暴力沟通

作　者	［美］苏拉·哈特　［美］维多利亚·霍德森
译　者	杨　洁
责任编辑	王凤梅
责任印制	刘　洋
出版发行	华夏出版社有限公司
经　销	新华书店
印　刷	三河市少明印务有限公司
装　订	三河市少明印务有限公司
版　次	2023 年 1 月北京第 1 版　2025 年 7 月北京第 3 次印刷
开　本	710×1000　1/16 开
印　张	13
字　数	180 千字
定　价	59.80 元

华夏出版社有限公司　网址：www.hxph.com.cn　电话：(010) 64663331（转）
地址：北京市东直门外香河园北里 4 号　邮编：100028
若发现本版图书有印装质量问题，请与我社营销中心联系调换。

引 言

　　写作《教室里的非暴力沟通》这本书是一个合作的过程，这个过程也从各方面丰富了我们的生活。我们总结45年的教学经验，深入探讨如何助长课堂上的互助体贴及好学之风。通过阐释非暴力沟通的一些基本前提，我们勾勒出一个模式，它让教师们很乐意与学生分享。在创作此书的过程中，我们希望能够让老师和家长了解一个教学方法，这个方法很好地结合学生的智商和情商。我们最大的愿望就是提供一些实用方法，帮助教师把课堂变得生动，让师生以及学生之间能够相互理解、相互关心。

　　非暴力沟通既表明我们天生具有关心体恤别人的意识，也是一个互动的过程。我们在写非暴力沟通方式的时候，力图清楚地描述这个方法的性质以及语言上的微妙之处，尽量避免套用公式化的语言或者暗示所谓的"正确的沟通方式"。因此，我们对非暴力沟通有了更深层次的理解。它是一种开放式的、具有创造性并且能够即兴发挥的互动过程，要描述这样一个过程，我们必须竭尽所能，充分发挥自己的想象力。我们对马歇尔·卢森堡先生深表感谢，因为他所创立的非暴力沟通方式使人们打开心灵，期待一种更放松、更愉快、更和谐互助的生活方式。

马歇尔·卢森堡先生研究非暴力沟通的目的就是希望人与人之间能够有更多的互助和关心。在早年的临床心理学培训和一些实践活动中，他很敏锐地意识到诊断性、贴标签式地下结论对病人有负面影响，同时也认识到语言对形成一个人的思维及意识具有的强大作用。他研究了当时的主流宗教文化传统，特别关注这些教义中的核心内容——那些能够传达爱和同情的人所使用的语言。经过研究，卢森堡博士得出结论：要建立一个和平的世界就需要消除那些责备、羞辱、批评和苛求的语言——这类语言往往以习惯性思维为基础，妨碍人们爱心的流露，容易导致暴力。他研究出一种语言沟通方式，使我们与价值、梦想、愿望、需要等人生经历的核心内容相连接。这种清晰的方式帮助人们去满足自己的需要，同时也会乐于去帮助他人满足需要。

在一个由美国联邦基金赞助的项目中，马歇尔·卢森堡第一次使用非暴力沟通，他为一个融合了不同种族学生的学校提供调解和沟通技巧。从那之后，他就在世界各地传播这种促进和平交流的有效沟通方式。他曾经在很多惨遭战争蹂躏的国家进行过调停和培训，比如以色列、巴基斯坦当局、卢旺达、斯里兰卡、克罗地亚、塞尔维亚、哥伦比亚、塞拉利昂和布隆迪等国家。从 1985 年开始，他着手创建非暴力沟通中心，这是一个国际组织，组织的培训人员来自世界各地，他们任职于学校、监狱、护理中心和政府机构等地方。

1999 年，非暴力沟通中心发起一个教育项目，为学校开发教学材料，为教师提供培训。这个项目得到"新土地基金会"和"临界点基金会"以及一些个体捐赠人的大力支持。《教室里的非暴力沟通》这本书正是非暴力沟通中心教育项目的成果之一。

◆ ◆ ◆

这本书的阅读对象是教育工作者，尤其是小学教师。我们希望书中的观点、方法、活动和资源能够给老师提供一些支持，帮助他们在课堂上滋养体恤的种子。多年来，我们一直注重倾听教师的声音。而在写作本书的过程中，我们比以往任何时候都更加关注教师的想法，了解他们的梦想，他们的担忧以及他们所遭遇的挫折。从头到尾，他们的声音都一直在指导着我们写作本书，所以这本书的开篇就是"教师的心声"。

第一部分阐述了课堂关系如何影响教与学，重点阐述课堂上四种重要的关系：教师与自身的关系；教师与学生之间的关系；学生之间的关系；还有学生与学习之间的关系。当我们注意到这些关系，并在课堂上通过相互关心、相互尊重来不断增强这些关系，那么我们就是在滋养体恤的种子。

第二部分讲述了一些实用方法和对策，帮助教师来营造体恤课堂。五个前提帮助我们了解自己具有关心别人的天性，这也是非暴力沟通的核心内容。非暴力沟通过程各个组成部分为学习如何关心理解他人提供了指导。四组对话能够完全显示这种语言在课堂互动中的影响。老师们新创的一些活动和游戏也可以帮助学生来练习、提高沟通技巧。备课指导部分给老师们提出一些建议，帮助他们在备课的时候很好地结合本书中所讲到的练习和各种课堂活动。

我们真心希望《教室里的非暴力沟通》的读者能够受到启发，学习并练习使用非暴力沟通方式，他们将会发现自己的生活以及人际关系原来是这样的丰富多彩。

目 录
CONTENTS

致谢·1
写给教师的信·1
教师的声音·1

Section I
关系—学习环境

第一章　营造安全信任的教学环境·3

　　我们的首要问题应该是"孩子需要什么?"……紧接着就是"我们怎样满足孩子这些需求?"如果我们以此为出发点,那么我们得到的结果将与我们问"怎样才能让孩子们听话啊?"完全不同。

第二章　课堂上的各种关系·11

　　权力分两种。一种是通过惩罚使别人心生恐惧而获得,另外一种是通过爱的行为来获得。而从有效性和持久性来看,后者是前者的千倍。

教师与自身的关系·12　　师生关系·13
学生之间的关系·17　　学生与学习的关系·23

Section II
营造非暴力课堂的方法

第三章 重新发现由衷给予和接受的天性·33
关心别人的能力将赋予生命最深刻的意义。

第四章 重新学习由衷给予和接受的语言·63
长颈鹿语言的一个独特特征就是它只需要沟通中只有一个人了解这种语言，就能够在沟通中不断增加理解，建立联系。

第五章 通过活动和游戏培养技能·105
第六章 备课指导·180

附录

参考书目·187

资料·

推荐读物·

致 谢

此书得以完成并顺利出版得益于以下人士的辛勤付出，我们在此深表感谢：

我们的同事和学生，他们为人真诚、对我们充满信任又非常友好，这是我们能够认识到良好的课堂关系对教师教学和学生学习的重要性的基础；

马歇尔·卢森堡博士，是他研究并创建了非暴力沟通，并不吝与我们分享这种沟通方式，这也正是《教室里的非暴力沟通》这本书的核心概念，同时他也激励我们为非暴力沟通中心的发展壮大做出自己的贡献；

非暴力沟通中心董事会以及执行董事盖里·巴伦先生，他们视野宽广、充满梦想和激情，给我们很大的支持；同时要感谢的还有新土地基金会、临界点基金会以及其他个人捐赠者。他们对本项目充满信任，为项目的开展提供了必要的资金支持；

我们的编辑和顾问：盖里·巴伦、约翰·多不兰斯基、凯拉·弗里斯达、丽塔·赫尔佐格、斯坦利·霍多森、罗伯·考格尔，他们花费大量时间反复通读本书的手稿并提出很好的修改意见，从始至终坚定不移地鼓励、支持我们写作；

我们还要感谢马蒂和丽莎·麦伦，他们的艺术理念、非凡才华以及灵活的工作安排都给了我们很大的帮助；

另外还有非暴力沟通中心教育项目指导委员会成员：约翰·康宁翰、吉莉安·弗罗贝、西尔维娅·哈兹珂韦兹、丽芙·梦露、基恩·莫里森，他们不辞辛苦，在我们写作本书的过程中给予了热情指导、支持和帮助；

非暴力沟通中心教育项目团队的成员：玛蒂娜·安吉尔、戴安娜·阿里格尼、卡蒂·巴拉克、玛瑟林·布洛格里、道格·道斯泰德、玛丽琳·菲德勒、玛丽安·高瑟林、郝蕾·汉弗莱、玛丽·麦肯齐、玛琳·玛斯考尼、娜塔莎·莱斯、阿兰·罗西非、罗宾·罗斯、基恩·瑞恩、弗莱德·思莱，是他们首先酝酿要写一本教师教学指导用书，随后又在我们创作本书的过程中提供各种教学活动和新的想法，这都给了我们很大的启发。

Puddle Dancer 出版社团队的成员：梅吉·斯图尔特、尼尔·吉普森、莎伦·伯蒂，他们技术精湛、知识丰富、风趣幽默，对我们慷慨相助，帮助我们逐步顺利完成本书的编辑和出版。

写给教师的信

各位教学同仁：

　　您是否想知道为何自己不辞辛苦地备课、上课，可学生却不愿听课。为何他们要互相欺凌、不愿意做作业呢？

　　《教室里的非暴力沟通》这本书将揭示这些现象背后潜藏的真相，介绍一些技巧和方法，使您的课堂充满相互关心、乐于学习的氛围。

建议教师使用本书指导以下工作：

- 认真观察课堂上的四种关系
- 判断你的课堂是否真是安全的地方
- 学会用奖惩之外的办法来激励学生
- 认识到学生对抗老师、相互欺凌以及学习成绩差这些现象背后的深层次原因
- 练习一种能够消除恐惧、培养信任的沟通方式
- 释放学生天性中的学习渴望

使用书中的活动或者练习帮助学生：

- 学会如何解决矛盾

- 通过合作来满足共同的需要
- 为自己的学习负责

我们希望《教室里的非暴力沟通》能为您的教学开启新的篇章。祝一切顺利！

苏拉·维多利亚

教师的心声

我们在写作此书的过程中跟很多老师进行了交流，发现他们的烦恼与快乐大同小异。在谈到培养学生成长的愿望时，他们欢欣雀跃。学校普遍存在着各种惩罚措施、规章制度，这些奖惩会让学生感到诚惶诚恐，他们对此则感到挫败、伤心和无助。学生的需求得不到满足，这也让他们很气馁。

在谈到学校的各种规章制度时，华盛顿州一所很大的小学的老师就叹声说道：

目前这种体制让我很痛苦，它不会鼓励孩子发挥积极主动性，去寻找满足各种需求的方法，并且孩子也没有机会去尝试其他方法、了解自己的行为对其他人造成的影响或者如何改进自己的做法。我已经尽力而为，但是体制似乎非常庞大，这些惩罚措施和政策历史悠久，根深蒂固，一想到改变这些将遇到重重阻力，我就感到非常失望。看着孩子们每天都要受制于那样的行为方式，真的很让人痛心。

一位在某小学教矛盾调解方法的女教师，每周上几个小时的课，她说：

我很灰心丧气，不但是对整个教学体制，而且对我自己都很失望。我非常同情这些孩子们，但是我对教师和家长也有很多看法。看到他们的所作所为，听到他们的一些说法我就想喊："天啊，看看你都在做什么？"我们所谓的"不良后果"就是惩罚。一些同事和家长经常反复对我说："你真棒，你的工作真的很重要！"但是，这些话在我听来就是："你会帮我们好好管教这些孩子的，是不是？"我不想惩罚他们的孩子，我想让他们明白惩罚和让学生承担所谓的不良后果是多么无效的教育方法。但是，我不知道应该怎么跟他们说。

谈到教师的创造性与课堂的创新，另外一位老师激动地说起自己在课堂上开展的"服务生活式"实验：

我从来不会使用暴力解决问题。我非常重视让学生们自己提出一些学习的方式。但是令人伤心的是，我把自己的想法写成一份方案，交给学校负责教师创新的管理层时，他们对这个方案丝毫不感兴趣。尽管我的学生们都极力推荐我的方法，领导还是对我的提议不屑一顾。

一位教写作的教师也表示了她的难过，因为她所在的学区只是片面地重视考试成绩：

真的让人很郁闷，在这儿，什么都要看考试成绩，孩子根本没有充分表现自己的空间。但是我就是在这样的一个体制下工作，我对此感到非常愧疚。我的一个决定将影响他们今后的生活，而这个决定就是，孩子们试卷上的一个分数，这让我感到很沮丧。

这位老师感到愧疚的一个重要原因是她"在这种体制下工作"，如果要给学生创造一些很重要的机会，她就必须提高学生的分数，因为学生分数不够高就得不到这些机会。

另外一位教师这样表达她对考试制度的担忧：

我对州政府要求实行的评估体制，对联邦政府的"不让一个孩子落伍"的项目和我们学校的校长都非常失望和愤怒。他们只要标准化的考试，对于其他能够反映孩子进步的表现性评估、其他标准的评估一概不接受。他们会说："那又怎么样？这都是不务正业，学生能考上斯坦福吗？他的平均分能达到多少？她在全年级中的名次是多少？"这些才是他们所关心的。他们录取了这些孩子，却并不是真的关心孩子们的发展，他们关注的永远只有分数。孩子们对这些都非常清楚，这让我很沮丧！我很能理解孩子们以及他们的需求。

一位每周都要给五六百学生上课的老师说：

我认为一个老师教这么多学生是对人的一种虐待。我实在不堪重负，所以今年休假一年。我想大喊："生活和工作需要平衡。是的，老师虽然是勇于奉献的人，但他的生命也是脆弱的、宝贵的，也需要适度休整才能继续工作、继续生活。"我想，人们还没有意识到这种无声的暴力正在课堂上蔓延。

另外一位工作量很大的老师说：

我热爱我的工作，我认为这是一门艺术，我会经常跟我的学生一起评估我们的教学效果，我不怎么奖励学生，但是会给他们多种选择。虽然我这样努力，但是我发现自己越来越受制于现行的教学体制，觉得自己在这个庞大的体制中非常孤单。我能够明显地感觉到这些孩子讨厌学校。我觉得自己正与现行的教学体制进行一场恶斗，它让我感到精疲力竭。

很明显，我们需要的不仅仅是课堂上的小小变化，我们还需要更大程度、更高层次的改革。但是我们这本书的重点是讲教师在课堂上能够做什么，而不是现行的教学体制是怎么形成的，或者我们应该怎样改变它。不过，我们还是要简短地讲一下一些重要的体制问题。

在现行的教育体制下，很多重要决策都是由官员和行政管理人员做出的，这些决策直接影响到课堂上教什么、怎么教。这些自上而下的决策就会形成一些规章制度、政策或者教学目标，传达给工作在一线教学岗位上的老师，要求他们必须服从或者完成。我们认为这是现行教育制度的一个关键的缺陷：大部分教师所教的内容和学生所学的内容都是强加给他们的。人一旦被强迫去做某件事情，就只能看到两种可怜的选择：要么屈服，人就变得顺从、冷漠；要么憎恨、反抗。任何形式的强迫都让人缺乏安全感，这非常不利于教师开展正常的教学工作，更加不利于学生的学习。

我们希望在制定决策和解决一些基本问题的时候能够同时听到

家长、管理者、教师和学生的声音。我们现在的教育体制的目的是什么？是谁决定了这个目的？我们认可这个目的吗？目前在实施什么样的教育政策？这些政策能够满足师生需求吗？如果不能，什么政策能够更加有效地满足这些需求？如果整个教育系统能够解决这些问题，我们就能够找到办法改变现行的教育体制。

当然，单靠某位教师是不可能改变整个教学体制的。同时，我们希望通过本书展示和关注课堂上的各种关系，教师能成为从内部改变教育体制的原动力。对自己的需求很清楚的人，是不会无动于衷、麻木不仁地坐等别人为自己做决定的。他们很可能学习甘地精神："欲改变世界，先改变自己。"

关注课堂上的各种关系还有一个重要的影响：我们周围的人都会看到并能亲身体会到大家越来越相互尊重、相互合作，更加投入地去学习。其他的老师和家长很好奇我们究竟在课堂上做什么，能让整个课堂变得充满活力。按照这种系统的方式推进，我们的影响范围越来越大。

在写这本书的时候，一些政府官员还在不停地推进标准化考试。与此同时，越来越多的教师、管理人员、教学顾问、家长和学生被这些政策弄得很苦恼。我们呼吁人们说出自己的心声，在日益浩大的世界范围的运动中发出自己的声音，开展真正能服务到学生生活的实践活动，争取学校的自主决策权，启发学生在交流时相互关心，保持年轻人爱学习的本性。我们相信，如果我们能够进行这样的实践活动，等现在的年轻一代长大成人后，他们组建的政府或者各种社会组织，将会关心爱护地球上的各种生命，让这个星球生生不息。

Section I

关系—学习环境

Section I 内容简介

第一部分提出两个问题：首先，教师和学生需要什么样的条件才能在课堂上积极互动，学生才能开心地学习？其次，我们怎样才能满足这些条件？

为了更好地满足师生需求，我们邀请了教育专家探讨怎样建立良好的课堂关系这个问题。我们引用当代研究结果支持我们的核心观点：只有当老师和学生在课堂上感到人身和心理安全时，他们才能够全身心投入到教学和学习中去；只有营造一个让人有安全感的学习环境才能让学生对老师产生信任，才能让学生愿意冒险，愿意积极参与学习。

这一部分同时介绍了课堂上四种关键的关系：教师与自身的关系，教师与学生之间的关系，学生之间的关系，学生与学习过程以及课程设置之间的关系。我们重点阐述如何培养这四种关系，让学生增强安全感，促进学生学习，使他们在课堂上能够相互关心。

> 孩子通过交际才能学习。如果他们认为一个人很重视他们，或这个人对他们来说很重要，那么他们就会认真地听这个人的话。——奈尔·诺丁思

Section I
关系—学习环境

Chapter 1

营造安全和信任的学习环境

教师和学生真正的需求是什么，他们想要什么？在和学生交流的过程中，孩子们经常会告诉我们，老师从来不听他们说什么，只想让他们在课堂上保持安静，准时交作业。总而言之，学生最想要的就是老师和其他成年人能够倾听他们的心声，尊重他们的想法，考虑他们的需要。

教师希望学生能够对自己的行为和学习更加负责。他们想花多点时间去满足学生的个体学习需求，希望看到自己班上的学生能够更加投入地去学习。他们希望学校的校规能够更加尊重学生，同时也鼓励同学们在相互交流时尊重对方。对教师自身而言，他们希望在和学校管理人员以及其他校规制定者沟通交流时能够得到尊重。

要满足教师和学生的需求，我们建议要重点关注课堂上的各种

任何形式的恐惧都不利于我们自我理解，以及理解自己与周围一切的关系。——杰·克里希那穆提

关系。在"以关系为基础"的课堂上，安全、信任、师生的需求以及交流的方式都会得到重视，并被看得和历史、语文、自然科学以及其他学科一样重要。教师可能会认为考虑这些因素会加重他们的工作量。但是我们想证明的就是，如果我们花时间去营造让学生感到安全、信任的学习环境，满足学生的个体需要，提高沟通技巧，那么就能够达到教育工作者最想要的目的——营造一个大家相互关心、相互体恤的教学环境，学生能够投入地学习。

··学生需要感到安全，才能开展学习··

在《没有竞争》（*No Contest*）这本书中，作者艾尔非·科恩指出，学生需要感到安全才能够开展学习，而一个安全的学习环境需要以支持、扶助、关心、互相帮助、归属感、受保护、得到接纳、鼓励以及理解为基础。换句话说，在一个以良好关系为基础的课堂上，师生的需求都将得到尊重。这样的课堂环境是安全的、让人信任的。只有对学习环境感到安全和信任，学生才会互相体恤关心，才会全身心地投入到学习中去。

如果教师有意识地去创建相互关心、体恤的课堂关系，教学生一些与别人建立良好关系的技巧，那么他们就为营造充满安全感和信任的课堂环境打下了坚实的基础。研究表明，随着学生对学习环境安全感和信任感的增加，他们也越来越愿意在课堂上相互合作，相互之间的矛盾和争执也随之减少。学生会更加容易注意到别人的需求，师生之间以及学生之间也更容易互相理解。另外报告还显示，

学生的测试成绩以及学习能力都有所提高。

曾有一项，研究为期一年，专门调查使用非暴力沟通方式对小学年龄段孩子的教学效果。该研究表明，使用非暴力沟通后，师生关系有所改善，矛盾明显减少，同学们对于自己与别人沟通的技巧也越来越有信心，总体来说课堂关系更加融洽，大家更愿意相互合作。

尽管大量证据表明，营造让学生感到安全和信任的课堂关系非常重要，但是据我们所知，很多教师和学生在学校是缺乏安全感的。从课堂上的压力到操场上的冲突，校园生活有太多的让人感到不安和恐惧的东西。目前，校园暴力冲突事件不断，这是学生缺乏人身安全保障最明显的一个标志。这些事件所引起的恐惧情绪对师生以及他们的家庭都有很大的影响。

我们曾经和一些家长交流，很多人不敢把孩子送到学校，而是选择在家教育他们。一位在南加州初中做教学指导顾问的老师告诉我们，在她25年的职业生涯里，第一次遇到学生那么担心他们在学校的人身安全，他们甚至拒绝去上学。这种现象在美国的各个学校都很普遍。国家教育协会的一份报告显示，每天大概有16万学生因为害怕受到攻击或者恐吓而不敢去学校，选择留在家里。

人身暴力攻击已经引起普遍的恐慌，家长对孩子的安全问题非常担忧，这会让学生缺乏安全感，产生恐惧心理，不过现在这种事情发生的频率越来越低了。

由于很多学校要求实行一刀切的课程设置、教学方法和校园准则，很多四年级、五年级和六年级的学生发现他们的一些需求很难得到满足，比如，他们希望得到理解，有机会表达自己的观点和学习的需求。在感到无助和沮丧的情况下，一些学生就会骂人、嘲弄别人或者采取其他一些攻击性的行为。当然这些办法都不能满足他们的基本需求，而是恰恰起到相反的作用。然而，各种形式的恃强凌弱在大多数学校仍屡见不鲜。疾病防控中心的一份报告显示，大约75%的学生反映他们在学校被人欺负过。

恃强凌弱现象造成了一种令人担心和恐惧的校园环境，这威胁到所有学生的人身和心理安全。如果学生总是不时地与别人发生争吵或者争执，那么他们将很难集中精神学习。

正如詹姆斯·加伯利诺和艾伦·德拉若所指出的："很多学校无意中支持并营造了充满敌意和情感暴力的环境。"虽然每天发生的同学之间的相互欺凌、嘲笑、戏弄和小集团行为，让老师感到很气馁，同时，老师们也意识到这些行为让师生都付出了很大的代价，但是他们不知道自己应该怎么做才能改变这种现象。通常情况下，他们甚至不知道正是因为自己的推波助澜，才造成了这种情况的发生。

马歇尔·卢森堡博士曾经给我们讲了他的一次见闻：他曾经拜访一位校长，当时他和该校长正在办公室谈话，这时候，校长看到窗外操场上一个大男孩正在殴打一个小男孩，校长立马从办公室跑到操场上，揍了大男孩一顿，并严厉批评了他。回到办公室后，校长说："我教那个家伙不要欺负比自己小的孩子。"卢森堡博士说："是吗？可是我觉得你是在告诉他，不要在你在场的时候去欺负别人。"校长没有意识到，他本想制止再发生的事情，却恰恰在自己的行为里重现。

还有其他一些教师不知不觉中所做的事情激发了学生的恐慌，比如给学生贴各种标签、比较不同学生优缺点、批评学生、对学生

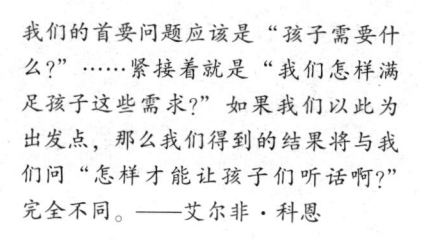

> 我们的首要问题应该是"孩子需要什么？"……紧接着就是"我们怎样满足孩子这些需求？"如果我们以此为出发点，那么我们得到的结果将与我们问"怎样才能让孩子们听话啊？"完全不同。——艾尔非·科恩

提诸多要求以及威胁要惩罚学生等。这些现象在学校都已经司空见惯，没有人会觉得老师这么做有什么不对。由于没有意识到这些行为的危害，也没有人提出质疑，学生在不知不觉中潜移默化，也在模仿这些沟通交流方式。这些做法容易让人心生恐惧，高度紧张，从而导致学生成绩不佳，容易出现各种暴力行为，也导致了近年来的高辍学率。

学生之间喜欢相互攻击，或者老师喜欢用咄咄逼人的方式管理学生，这些行为都有同样的不良影响，那就是容易让学生心生恐慌，在学校里缺乏安全感，对他人不信任，这些都不利于学生的学习。

··缺乏安全感让大脑处于"低速"状态··

在对当代教育和人的大脑的研究中，安全感和学习能力是紧密相关的。研究表明，大脑中情感中枢的影响非常大，负面情绪比如敌意、生气、恐惧、焦虑会自动把大脑调整到只思考基本生存问题的状态。这样的状态下即使学生还能继续学习，也很难集中精神，更别提学习的效果了。在这样的压力下，大脑的神经质或者推理中心会停工。在《情商》一书中，丹尼尔·戈尔曼称这种现象为"情感劫持"。戈尔曼指出，人在非常强的负面情绪的压力下就会分泌出一种荷尔蒙，使人准备投入斗争或者逃避。人们对这些斗争或逃避反应的了解由来已久，但是它是否对学生集中精神学习、记忆以及

> 任何形式的恐惧都不利于我们自我理解，以及理解自己与周围一切的关系。——杰．克里希那穆提

回忆信息等能力有影响？这方面的研究相对来说才刚刚兴起。

因为很多学生在家就缺乏安全感，他们来到学校的时候已经觉得压力很大，大脑已经处于一个"低速"的状态了。这时候，如果他们和老师的沟通交流一直是充满敌意的，让他们觉得很气馁，那么一些学生就会经常处于一种斗争或者逃避的状态。由于大脑几乎完全在思考基本的生存需求，这些学生几乎不能进行学习，因为学习是需要复杂的思考活动的。令人悲哀的是，由于学生经常处于高度警惕和亟须安全和保护的状态，他们的好奇心、求知欲被掠夺了。

另外，正如约瑟夫·切尔顿·皮尔斯所指出的，我们学习时候所处的消极情感状态对我们的影响非常大，它会成为学习的一部分印在我们的脑海里，并会对我们以后的回忆产生一些负面影响。或许你会注意到，如果要求一些孩子学习乘法表或者写作文，他们就会非常害怕。这种恐惧心理会使人记不起前一天所学的内容。我们遇到一些学生，因为在入学的头几年曾对写作产生恐惧心理而丧失信心，以致随后的数月甚至数年都不愿再写作。我们也认识很多成年人，一旦要求他们写作、做数学题或者大声朗读时，他们仍然有很强烈的恐惧心理。

卢·切尔卓说："在我们遭遇危险情况，需要快速做出反应时，恐惧是有益的，否则，恐惧心理则会使人的观察、沟通和学习能力受限。"接下来，本书将探讨其他引起恐惧心理的一些行为，比如：奖励或者惩罚、威胁、贿赂、道德评判、比较。这些行为在很多学校和家庭都是司空见惯的。本书将介绍并强调建立良好关系的一些做法和方式，这将有助于师生了解"关系和能力"，或者叫与他人打交道的能力。

一般来说，只有一个孩子感觉安全了，他才能健康成长。他的安全需要必须得到满足。你不能强迫他前进，因为这个没有被满足的安全需要会一直潜伏在那里，总是希望得到满足。——亚伯拉罕.马斯洛

营造让人感到安全、信任的课堂环境的两种主要方法

1. 关注师生需要

课堂关系本质上就是需要——教师的需要和学生的需要，相互影响、相互作用。学生有什么需要？教师有什么需要？根据威廉·格拉瑟（William Glasser）的研究，人的基本需要有生存、动力、归属、自由和乐趣。而亚伯拉罕·马斯洛（Abraham Maslow）认为，人的需要有生存、保护/安全、归属、能力/学习和自治或者自我实现 非暴力沟通方式大大扩充了表达需要的词汇表。我们将在第三章和第四章详细讨论需要这个主题和怎样通过感受了解需要，这是非暴力沟通的独特方式。不管我们对人的需要如何分类，学习都不是学生来到学校的唯一需要。他们还有归属感、乐趣、自由、能力和自主权的需要。注重营造良好课堂关系的老师会注意到学生的这些需要，并给予足够的重视。事实上，除非学生的这些需求得到认可和满足，否则他们不会感到安全，很难全身心投入到学习中去。

威廉·格拉瑟问了一个非常发人深省的问题："如果我们把（学校里的）重点由教导学生服从纪律改变为满足学生需求，那将会怎么样？"他接着讲："因为学习成绩不同而看起来差异很大的学生突然变得一样了，因为他们都有相同的需要。"一旦学生意识到教师重视课堂关系，支持关心他们的共同需要，而不是简单的根据学习成绩对他们进行排名，他们对老师的信任度就会明显上升。

2. 学习并练习给予和接受的语言

维吉尼亚·萨提尔曾经说过："我把沟通看成一把大伞，这把伞

能够覆盖并影响所有的人际关系。"如果真是这样，为什么我们对这把大伞关注得那么少？我们表达自己、倾听别人的需要的方式决定了这些需要是否会得到满足。在以关系为基础的课堂上，教师和学生都会注意表达需要的习惯性方式，也会练习使用一些新的表达方式，使自己的需要更容易被听到。他们也会练习同理心——学习倾听自己与他人的感受和需要。为了达到目的，在以建立良好关系为基础的课堂上，将会指导一些如何进行交流的沟通指南。为了让所有人的声音，不管声音高低，都能得到倾听，为了分享各种观点的同时避免责备和批评，教师和学生都会花时间去学习、练习使用一种沟通方式，以避免正面冲突。

在以关系为基础的课堂上，所有的成员都会练习"关系智商"的技能：通过语言或者非语言的一些线索尝试体会他人的感受；识别自己及别人的价值观；把评判的语言转化为表达感受和需要，或者满足需要的办法；为自己的想法、感受和行为负责。

毫无疑问，一个安全和信任的课堂环境，是学生顺利开展学习的重要基础。要创造这样一个课堂环境，很重要的一点就是，要对课堂上各种关系进行研究，要像重视其他所谓"核心"科目一样来重视课堂关系，把它作为课程设置的中心。

接下来，我们将继续讨论怎么样才能使你的思想焕发活力，怎样与自己、与学生进行沟通，更好地根据课程设置来上课，怎样营造良好的课堂关系。

奇妙的悖论是：当我接受自己就是这个样子，然后，我才能改变。——卡尔·罗杰斯

Chapter 2

课堂上的各种关系

　　课堂上至少有四种关系：1) 教师与自身的关系，2) 教师与学生之间的关系，3) 学生之间的关系以及 4) 学生与自己学习过程之间的关系。如果我们注意到这些关系是动态的，意识到我们的价值观和行为将会影响到这些关系，我们就更有可能创建一个相互体恤、相互关心的课堂。

　　阅读本章建议：关注课堂关系的动态性可能会激发各种感受。看到自己的行为与你对自己和学生的期望之间有差距的话你可能会感到伤心、失望、泄气。然而，花点时间去关注这些矛盾，不去批评、指责自己或别人会让你对课堂教学有更多领悟，想出更有效的办法来营造出理想的课堂环境。

　　在此过程中，估计你会注意，课堂上大家之间的关系确确实实

是在支持着同学们学习和相互关心。如果你能发现这一点，我们鼓励你要庆祝一下这件事，因为认识到并庆祝自己的成功是非常有效的、能服务到生命的实践之法，我们推荐所有的学习者都试试这个方法。

··教师与自身的关系··

在思考教师与自身这样一组重要关系时，我们希望您花点时间关注以下几个问题：

您教学的目的是什么？

您最看重的自己以及别人的品质是什么？

您希望培养学生什么样的品质？

你想要什么样的课堂关系？

您的兴趣是什么？

您有什么天赋？

您最有效的学习方式是什么？

您怎样看自己？

如果您很容易批评、指责自己的话，那么你也很有可能对别人很挑剔。对自己体恤的人通常对别人也会比较关心、体恤。

> 我们的行为要比我们的语言对孩子的教育意义更大,所以想让学生成为什么样的人,我们首先要以身作则。——约瑟夫·切尔顿·皮尔斯

您怎样看自己的工作和自己的付出?

花点时间去了解自己所付出的劳动,回顾一下自己的一些比较成功的做法。想想自己所犯的错误,能从中学习到什么;注意您试图去满足的是什么需要,仔细想想下次怎样才能更有效地满足这些需要。

什么事情是您真正喜欢做的,多长时间做一次这件事?

真正给人带来乐趣的活动能够让人充满活力。如果您自己在生活中没有乐趣的话,那么您也很难帮助学生寻求生活中的快乐。

您是否请求并接受别人的支持?

作为一名教育工作者,您会在教学和学生身上花大量的时间和精力。在你面对每天数不清的挑战和挫折的时候,是否记得向其他人寻求支持和帮助?他们能够听您倾诉,理解您的心情。您是否也会花时间与别人一起庆祝成功、分享喜悦?

·· **师生关系** ··

如果我们想让学生经常自查自省、诚实守信,我们首先要能够自我反思、诚实守信。如果我们想让学生知道他们的想法和感受对我们来说是重要的,我们就要花时间去倾听他们的声音、考虑他们的观点。你希望自己的学生成为什么样的学习者,你觉得现实和愿

景之间有差距吗？

如果我们意识到是如何与学生互动的，我们就会觉察，自己是不是在营造一种让学生觉得安全、信任并鼓励学生学习的课堂关系。我们与学生的每一次接触都在传达对他们的看法，对他们有什么样的期待。您向学生传达的是什么？在学生面临标准化考试压力，希望考出好成绩的情况下，你是怎样传达这些的？

您的目的是什么？

您是想和学生保持沟通关系还是想按照自己的方式做事情？帕克·帕尔默是《教学的勇气》（The Courage to Teach）一书的作者，他说当他让来自全国各地的学生描述一下心目中的好老师是什么样的时候，他们这样描述：

有保持良好关系的能力，与学生保持良好关系，让学生之间以及学生与所学科目之间都保持良好的关系……好老师不是用什么所谓的方法与学生保持良好的关系，而是用心来与学生沟通，因为这里汇聚了一个人的才智、情感、精神和意志。

马歇尔·卢森堡先生有一个很好的方法来检验一个人的目的，那就是问他这样一个问题："你觉得大家之间融洽的关系重要还是分出孰是孰非重要？"

理解行为背后潜在的需要

当您的学生走进教室，您是否把他们看作一个独立的个体？你

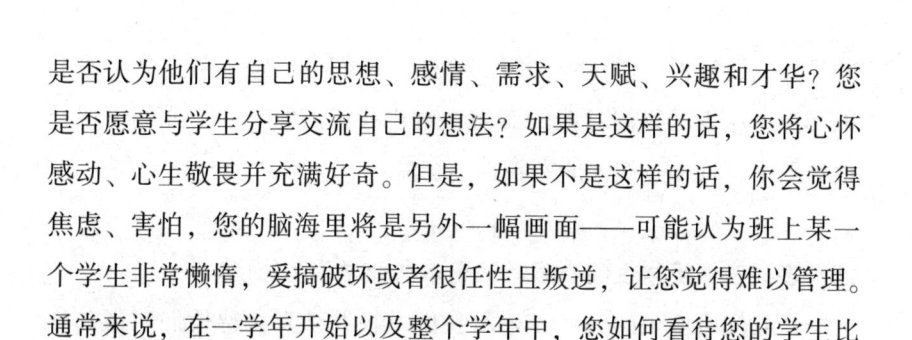

> 权力分两种。一种是通过惩罚使别人心生恐惧而获得，另外一种是通过爱的行为来获得。而从有效性和持久性来看，后者是前者的千倍。——甘地

是否认为他们有自己的思想、感情、需求、天赋、兴趣和才华？您是否愿意与学生分享交流自己的想法？如果是这样的话，您将心怀感动、心生敬畏并充满好奇。但是，如果不是这样的话，你会觉得焦虑、害怕，您的脑海里将是另外一幅画面——可能认为班上某一个学生非常懒惰，爱搞破坏或者很任性且叛逆，让您觉得难以管理。通常来说，在一学年开始以及整个学年中，您如何看待您的学生比您对他们讲什么内容更重要。

非暴力沟通提供了一种方式，帮助我们把贴在学生身上的各种标签转化为看得见的行为，理解这些行为背后潜在的需要。例如，我们不直接下结论说学生"懒惰"，只是观察到学生在课堂上打盹或者没有完成作业。如果我们问一下这个学生，他可能会告诉我们他很累，需要晚上多睡会儿。再深入交流一下，我们甚至可能会知道他刚添了一个小妹妹，夜里哭闹，吵得他睡不好觉呢。

您是否能够看到每个孩子的天赋？

生活中，我们每个人最想做的就是贡献自己的聪明才智，与别人分享自己的才华。各人天赋迥异，每个人都能做出自己独特的贡献。如果你能挖掘并接受学生的才华，让他们与别人分享自己的聪明才智的话，那么你就给予了学生最棒的礼物。有句斯瓦希里谚语这么说："我们能够给予别人最好的礼物不是与他们分享自己的财富，而是让他们发现自己的财富。"

您的身体语言是怎么样的？

与学生交流时要看着对方的眼睛，这个建议并不难实行，关键

的是我们要记得：对比我们矮的学生，我们可以蹲下甚至坐下来与他交流，这表示我们对他的尊重；对比我们高的学生，我们可以让他坐下来，这样我们才能有眼神的交流。

您有多久在倾听学生的心声？又有多久让学生听您讲？

认真倾听学生的心声，表示我们重视并认真对待他们所说的事情，这有助于相互信任和建立良好关系。如果老师在课堂上只能做一种改变的话，那么可能就是少说多听了。学生再三强调这是他们最希望看到的。

您主要倾听什么？

您倾听学生的需要和感受吗？您是否鼓励学生实现由内到外的自我成长，让他们自己提出很多问题，得出结论，形成自己的理论？您会认真对待学生的问题，相信他们能够自己找到答案吗？还是您把这个课堂当作展示课本标准答案以及您个人的观点和知识的平台？

当学生对您说"不"时，您会怎么做？

为了满足自己的需求，很多学生会经常说"好的"。当您要求他们做某件事情时，您会乐意听到他们说"好的"。但是在他们做你不希望他们做的事情时，或者当他们本应对你的要求说"不"时，你要明白他们为什么说"好的"，这一点是更重要的也是更加困难的。您在这个时候所做出的反应会让学生知道您是否像重视您自己的需求一样也重视满足他们的需求。如果您想强迫学生做一些你想要他们做的事情——通过让他们感到内疚、责备、羞辱或者惩罚等手

段——那只是满足了你自己的需求。您想用自己手中掌握的权力达到目的。

惩罚学生——不管是用责备的目光、道德评判、让学生觉得内疚的说教还是体罚——都会向他们传递一个信息,那就是他们"错了"或者"很坏",而且罪有应得。

不采取惩罚学生的措施并不意味着你要放弃自己的需要。在关系融洽的课堂上,每个人的需要都会被考虑进去,也会尽量找到办法来满足大家的需要。

有时候是需要采取强制力保护人或物的。比如,如果一个学生要打另外一个学生,老师需要制止他们,防止学生受到伤害。在这种情况下,运用强制力的目的是保护而不是惩罚。

··学生之间的关系··

在关系融洽的课堂上,不仅仅是老师一个人来营造良好的学习环境。老师会教学生新的学习方式,帮助他们更好地表达自己、倾听别人、互助合作。这样,学生会成为课堂团结和活跃的中坚力量。

在培养学生间的关系时,目的非常重要。其中最关键的问题是,你想要营造什么样的课堂关系?一旦你的目标明确,你就会很容易找到或者创造实施计划的方法。

要营造一种相互支持、相互关心的课堂关系,教师就要和学生共同努力,尽量同时满足个体和集体的需要。玛丽·帕克·弗里德在20世纪初期曾经写了一篇文章,把这种通过与别人合作、尽量满

> 课堂应该成为学生依自己的目的合理做事而不受批评的地方,疑惑和好奇并存的地方,师生共同生活和成长的地方。——奈尔·诺丁思

足各方需求的能力称为"合作力"或者"协作力",与"控制力"或"强制力"相对应。她强调,在合作时,不论个体还是群体的力量都会增强。另外一位社会科学家,珍妮特·萨利把"合作力"描述为人们正在逐渐形成的一种能力,这种能力让人们更加容易理解别人,这一术语很恰当地描述了非暴力沟通过程。在描述"分享力"时,马歇尔·卢森堡用了一个术语:"丰富生命的人际联系",理安·艾斯乐在她的《明天的孩子:21世纪伙伴关系教育蓝图》(*Tomorrow's Children: A Blueprint for Partnership Education in the 21st Century*)一书中也讲到了伙伴互动关系。

不管我们用什么样的词汇表达这种与别人合作的能力,当我们在工作或者玩耍时,如果能够与别人通力合作、和谐相处,使双方需求都能够得到满足,我们的愉悦之情便都会油然而生。试想一下,如果在课堂上学生能够经常这样合作,那将会是一番什么景象。他们的一系列需要,比如融洽的关系、相互合作、相互帮助、高效的学习效果将都能够得到满足。如果一个集体很和谐,协作得很好,那么个人通过集体所发挥的作用可能超乎想象,如果不能协作好,则各自的工作价值也就受到了限制。

通过回顾我们自己的教学经历,观察那些注重培养课堂合作关系的教师的教学情况,我们惊奇地发现,同学们觉得,相互之间合作是非常"自然"的事情。如果他们有新的选择和技巧来实现互动、他们所关心的问题有被人听到、需要得到满足时,他们将会觉得相互之间合作是最愉快的相处方式了。然而,确实是要花一段时间去培育新的沟通交流技巧,并忘却我们以往喜欢的比较、批评、苛求、强迫人的旧模式。玛丽安·葛特林,一位在瑞士斯卡普奈克公立学

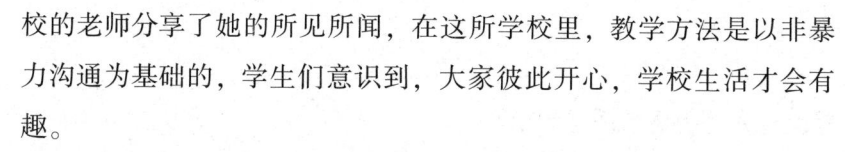

> 如果在教学文化中只注重外部世界而忽视内在真相和内心敬意的话，师生都会失望的。——帕克·帕尔默

校的老师分享了她的所见所闻，在这所学校里，教学方法是以非暴力沟通为基础的，学生们意识到，大家彼此开心，学校生活才会有趣。

如果你想培养学生在课堂上的相互合作精神，那么请关注以下几点：

如何与别人分享自己的才华

每个学生都有在课堂上与别人分享的天赋。在关系融洽的课堂上，学生会在老师的帮助下认识到自己和他人的才华。他们会寻找合适的方法贡献自己的才华、接纳别人的才华，以满足大家的共同需要。

在斯卡普奈克公立学校，按20至30人分为一组，每周例谈，讨论这一周内有哪些事情有助于满足他们的需要，哪些事情不利于满足他们的需要。通常让人感动的只是一些小事情，比如一个女孩子告诉另外一个女孩："昨天吃午饭时，你邀请我和你一起坐，我感到很高兴。我喜欢别人愿意和我相处的感觉。"

如何表达自己的感受和需要？

学生是否认识到，正是他们的感受和需要激发了他们的行为？

他们能否了解别人的感受和需要？

他们是否能够并愿意谈论自己的感受和需要？

他们是否能够并愿意倾听别人的感受和需要？

他们是否能够找到双方都满意的方式来满足需要？

（沟通感受和需要是非暴力沟通的核心内容，这将在第四章详细阐述。)

是向别人提出请求还是要求?

　　当人们听到被要求做某件事时,通常不愿意做,因为,他们表达自主性和自由给予的需要没有得到满足。学会对别人请求,而不是要求,会让给予和接受的过程都更加愉快。

　　(学会提出请求是非暴力沟通的关键组成部分,这些内容将会在第四章详细阐述。)

对自己的学习和生活能经常自己做决定吗?

　　艾尔菲·科恩认为:

　　课堂上有两种情况的对比是非常强烈,也非常具有教育意义的,一种情况就是学生来到课堂上被告知老师希望他们做什么,什么是允许的,什么是禁止的;另外一种情况就是学生们来到课堂,一起集思广益,讨论怎样共同生活、一起学习。这种区别,就相当于准备一生听命于别人,还是准备在一个民主社会里积极发挥个人作用。

　　如果学生能够参与一些决定,他们会觉得自己是这个集体的一分子,觉得自己有自主权,充满希望,会对课堂更感兴趣。他们得到做决定的机会越多,这种感觉就越强烈。因为这样,他们的很多需求都能够得到满足:参与课堂活动、被老师同学接纳、尊重、关心、信任、对学习和环境的掌控。

　　(欲了解学生如何制定课堂协议,请参考第五章:日常生活中的

> 最值得记住的一点是：一个"安全"的课堂是，一个不可以接受"不及格"的地方。——伊斯特·莱特

长颈鹿语言：共同创建规则。)

学生在多大程度上能够共同学习、相互学习？

　　如果课堂关系融洽，学生之间不是竞争关系，那么学生们共同解决问题就不会被认为违反了某些规则。虽然我们鼓励学生以团队形式开展学习，但是喜欢独立学习的同学也是有很多机会的。最重要的是，学生每天都觉得自己的校园生活很有收获。

学生是否有表达自己观点，倾听别人想法的论坛？

　　学生需要各种各样的论坛：

　　谈论他们生活中发生的事情
　　谈论所关心的世界大事
　　对自己所学知识做出反馈
　　讨论课堂怎样发挥作用
　　分享自己所欣赏的东西
　　解决问题
　　共同做出决定
　　策划活动解决矛盾

　　给学生提供各种论坛让他们有机会聚在一起，能够鼓励、丰富学生之间的关系。非暴力沟通能够使学生的这些会议富有成效、令人满意。

对设立学生论坛我们有以下建议：

讨论会

大家围成一圈开讨论会的形式，是在世界各种文化中都适用的一种方式。这种方式能够满足包容、平等、联系以及练习小组成员相互倾听的需要。每个人的声音大家都能听到。

（欲了解更多讨论会方面的内容，请参阅第五章，日常生活中的长颈鹿语言：讨论会。）

班级讨论

轮流带头进行课堂讨论能够让学生听到各种不同观点，学会鼓励别人发言的技巧。这样才能有更多学生参与讨论，让别人听到自己的想法，把学生分成小组讨论也挺管用。尽管这些讨论在老师看来可能是杂乱无章的，但是对学生来讲是一次宝贵的经历，允许他们诚实地表达自己的观点，认真地倾听别人的想法，学会如何在群体内给予和接受。我们已经看到坚持学习这些技能的巨大价值。

两人一组

两个人一组讨论能够让每个人都有机会发表观点，也能让对方听到自己的想法。当学生一对一碰面，了解对方上课情况如何，那么他们之间就开始相互理解、体恤、关心。让学生轮流交换讨论伙伴，这样他们就能够了解到班上每个同学日常生活中所关心的事情，然后慢慢意识到大家关心的问题是多么相似，这样就会消除敌对现象。

角色扮演

角色扮演会很有趣。它是培养我们进行换位思考的有力方式。这也能够让我们练习从内心表达自己的观点、倾听别人的想法。

（请参阅第五章，日常生活中的长颈鹿语言：角色扮演。）

沟通伙伴和沟通值日生

有沟通伙伴能够增强学生之间的相互联系，给他们练习理解别人本领的机会。学生可以自愿成为教室里或者操场上的沟通值日生。在这一天，学生想要或者需要有人倾听他们的心声时，就可以去找这些值日生。

（请阅读第四章了解更多关于理解的内容。）

第三方

第三方有助于解决两个起冲突的学生之间的矛盾。甚至年龄较小的学生都能够学会调停同龄人之间的矛盾。这些训练能够帮助学生认清一件事情的真相、了解每个人的感受、需要和请求。第三方能够促进双方的相互理解，达成相互满意的解决方案。

（请参阅第五章，日常生活中的长颈鹿语言：调停。）

··学生与学习之间的关系··

当学生对自己的学习有明确的认识，了解到学习会让你有很多机会与这个世界接触，他们就会变得有信心，成为终身的学习者。

与自己的学习方法建立连接

我们每个人都有自己的学习方法，都有激起我们兴趣，激发学习欲望的东西。我们也会有一些自己想问的问题和一些找到答案的方法。认识自己的学习方式，以及知道什么是我们非常想学的东西，可能是我们整个学习过程中最重要的部分。把我们自己当成学习者，这对营造一个融洽的课堂关系是至关重要的。我们发现，如果老师能注意以下几点将会对他们有所帮助：

学生了解自己的兴趣爱好、天赋以及学习方式吗？

你的学生有好奇心吗？什么能够激发他们的好奇心？他们知道自己的兴趣爱好是什么吗？了解自己的天分吗？知道自己怎样学习效率最高吗？

能否积极投入地去学习？

学生每天花多长时间去尝试发现、积极探索、进行试验？他们花多长时间去听老师讲课、阅读材料、完成作业？他们是非常好奇，积极努力、兴奋且愉快地投入到学习中还是只是打发时间呢？

能否积极参与制定学习目标？

如果课堂上大家关系融洽，师生会根据学生想学什么、老师觉得什么值得学生好好学来共同制定学习目标。师生会不断地通过对话来决定、评估、修改这些目标。学生之间也可以相互帮助，确定学习目标以及可能实现目标的方法。

而如果学习目标根本不是课堂上的人来定，比如在标准化测试中的一些教学目标，师生就会怀疑、担忧甚至抵制这个目标。他们希望别人能够理解失去自主决策权的心情。可能还需要谈谈这些来自外部的目标对他们来说是否有意义和价值。在齐心协力达到想要的目标时，师生可以探索哪些需要可以被满足。

学生会积极参与评估自己的学习情况吗？

学会评估自己的学习进况——精确评估自己达标的状态或者满

> 课程设置是关于关系的：各种事物之间的相互关联。——莎拉·帕尔特

Section I
关系—学习环境

足需要的情况——是我们要培养的一个重要技能。

下面我们用一个例子来说明，学生怎样才能根据自己的期望和目标而不是跟别人比较来评估自己的学习情况。

一位在斯卡普奈克公立学校读书的女孩对自己前一天的数学考试成绩不满意。她在课堂上谈到这件事情：

学生：这个结果让我很伤心难过。
老师：你能具体说明是什么让你感到伤心难过吗？
学生：是的，我希望没有在其他事情上花费那么多的时间和精力……我最近确实对数学有所疏忽。我明白我需要更加耐心地学习这门课。

你对学生作业的评价是否有助于他们的学习？

我们发现，如果老师用一些僵化的语言——对／错，正确／不正确，好／坏，可以接受的／不可接受的——来评价学生的作业，那么学生慢慢地就会只为了得到老师的赞赏而不是为了自己学习。这种评价形式也不利于营造让学生有安全感的课堂环境，学生会害怕体验和尝试新事物。从这两个方面来说都不利于学生学习。

如果我们想要与学生保持良好的联系，或者希望自己的反馈意见能够对他们有所帮助的话，那么我们就要使用另一种语言，比如非暴力沟通，尽量避免使用固定模式的语言。在下面这些采用非暴力沟通评估的例子中，老师真诚地与学生分享她的反馈，积极参与到学生的学习进程。

一位老师是这样跟学生交流的："我感到很困惑，你这个故事中的人物为什么那么伤心。你能告诉我他遇到什么问题了吗？"

看着一道数学题，一位老师这样说："在这个问题上，我发现我的答案跟你的不一样。我有点不明白。我想知道你是怎么得到这个答案的，你能告诉我吗？"

你的学生是怎么面对错误或者失败的？

如果学生因为错误或者失败受到责备、被划分等级甚至嘲笑，那么他们就会缺乏安全感，不敢再去尝试新事物。在很多传统的课堂上，一般认为，学生犯错或者失败会阻碍他们的学习进步。学生一旦犯错就会觉得尴尬、气馁甚至丢脸，想着自己不应该犯错，怀疑自己出了什么问题。这样的自我责备会影响他们的学习，一旦结果不如他们所愿就可能导致自我封闭，错过一些本来可以学到的宝贵知识。我们可以帮助学生从容面对错误和失败，把它们当作宝贵的经验，为下一步的学习打基础，而不是沉浸在自我怀疑中，自我放弃，止步不前。我们也可以反过来做，关注学生的成功并帮助他们从成功的经验中学习。（请参阅第三章，第四个前提）

··通过课程设置搭建学生与世界联系的桥梁··

杰·克里希那穆提、威廉·格拉瑟以及其他研究者发现，如果课程设置能引起学生共鸣，让学生觉得他们是这个万物相连、丰富多彩世界的一分子，而不只是一个学习各种事物之间关系的旁观者，

那么他们就会对这种课程设置表示赞同和支持。在审视课程设置的时候注意以下几点将会对我们有所帮助：

你要遵守或者超越什么样的课程框架？

老师一般必须遵循一定的课程设置框架的要求，在这个框架内，学生希望能够在思想上、有时候亲身去体验风土人情、思想、哲学、艺术和文化的世界。学生所学的课程反映的是，设置课程的人心目中的教育愿景。您所遵循的课程设置的撰写者的目的是什么？这个目的适合您和您的学生的需要吗？您想对这个课程设置增加或者删除什么内容？在目前的课程设置情况下，您觉得怎样上课最有意义？

在课程设置中，你会经常关注感觉和需求的相互关系吗？尤其是文学、历史和理科学科中？

一个关注荣誉感、满足个体和团队需要的和谐课堂，是历史上各个国家和部落一直努力所做事情的缩影——以最佳的方式满足人的需求 人们通过这个缩影见微知著，能够更好地了解宏观世界。比如我们可以从人类在满足衣、食、住、行，交流以及娱乐方面不断进步的角度来观察自然科学。我们可以把历史看作对一些策略的研究，这些策略就是不同族群在满足人类基本需要方面所采取的办法。文学可以看作不同的个体需要之间的相互影响和相互作用，他们为满足这些需要所采取的办法。

> 如果学生在课堂上感觉自己得到支持、很成功,那他们就很少会调皮捣蛋;如果老师在课堂上感觉自己得到支持、很成功,那么他们就很少会觉得疲惫。——伊斯特·莱特

研究人类生活与社区、其他所有生命形式、生物圈和地球的关系到达了何种程度?

你们的课程设置真的反映了万事万物之间的关联吗?它是否承认并尊重人们生活中相互依存的各种层级和网络关系,这种关系不仅促使生命存在,并使之具有多样性,令人敬畏而有意义。像课堂一样,学生生活的社区也有它的需要。每个生命形式都有自己的需要,整个生物圈和地球都不例外。那生物圈和地球可能会有什么需要呢?

学生与课程设置之间是否做了有意义的连接?

课程设置是否在某种程度上和学生的生活以及兴趣爱好相关?如果是,那么他们会积极参与到课堂上来。反之,他们在学校的时候就会做其他自己感兴趣的事情。按照课程设置要求,上课的老师要能够回答学生经常问的一个问题:我们为什么一定要学习历史、数学、写作等等。这个问题可能很难回答,如果我们用一些陈词滥调来应付他们,学生会非常清楚。同时这也是个合理的问题,如果老师愿意认真解答这个问题,那就在创建公开信任的沟通之路上迈出了一大步。您认为您的学生为什么要学习历史、自然科学和数学等科目呢?

课堂上有多少参考资料?学生能够很容易获得这些资料吗?

如何学与学什么一样重要。学生有时候可能不是讨厌要求他们学习一些科目,而是这些课的授课方法。除了老师讲的,学生还有多少其他的学习资源?或许他们可能会阅读到一些参考书。除了书

还有多少其他的资源呢？学生处理信息的方式不同，学习方法不同，那他们接触学习资料的途径和方式也是不同的。你是否鼓励学生利用更广泛的社区的学习资源呢？他们能够很容易获得这些资源吗？

小结

　　对于希望营造和谐课堂环境的老师，下面三个问题将对您有所帮助：我是否正在营造安全感和信任感？我是否正在考虑自己和学生的需要？我是否在使用一种沟通，它能促进有礼貌的、有意义的对话？

　　我们希望这部分的建议和问题能够满足你的学生对信任和安全感的需要，满足你希望获得启发、鼓励和支持的需要。

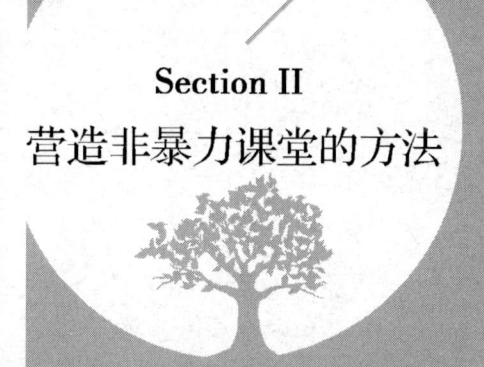

Section II
营造非暴力课堂的方法

Section II　内容简介

在第一部分，我们介绍了两种方法来营造让学生感到安全和信任的课堂环境：关注师生需要；学习表达给予和接受的语言。在第二部分，我们将提供一些做到这两点的方法。

第三章中的五个前提将使我们对需要有深刻的理解——怎样理解、识别、满足各种需要。这五个前提提示我们，人类具有理解与关心别人的能力。师生可以把每个前提中的练习作为学习营造安全的学习环境、开展快乐学习、表达相互体恤关心的好方法。第四章是对非暴力沟通的详细描述，这是一种能够以相互尊重的方式表达由衷给予和接受的语言。这种语言能连接我们的头脑和心灵，并使其符合人类的共同特性。经常练习使用这种语言能够帮助我们整合自己的思想，通过帮助我们满足大家的需要，使我们与别人交流、对别人表示关心的时候有更多更好的表达方式，使我们感到生活更加幸福。这些都通过该章结尾的四个对话来举例说明。第五章提供了一些学习和练习非暴力沟通方式的活动和游戏，使我们在营造融洽的课堂氛围时能够得心应手。

> 关心别人的能力将赋予生命最深刻的意义。——帕布罗·卡萨尔斯

Section II
营造非暴力课堂的方法

Chapter 3
重新发现由衷给予和接受的天性

我们思考、说话以及与别人打交道的方式是基于我们对人类本性的认识。如果我们认为，人类的本性主要是好斗、自私、争强好胜、以自我为中心的，那么我们的行为会反映这些想法。本书的作者将用五个前提提示我们，人类具有关心体恤别人的天性。对于怀有这种信念的人来说，他们的内心世界将发生潜在的改变。内心世界的改变是促进学习，减少矛盾冲突的源头。在本章中，我们通过一些例子、练习和小组活动来和大家分享我们对这些前提的理解。

我们希望您通过亲自做练习，体会这些前提。通过您的亲身经验，您可以选择让学生分享哪些练习以及如何分享这些练习。我们鼓励您根据自己和学生的需求对这些练习和小组活动做些修改，使之更符合你们的需要。

··五个前提概述以及每个前提的要点··

前提 1

我们天生都是乐善好施的。

- 我们都有很多东西可以给予别人。
- 当我们由衷地给予，我们会享受这个过程。

前提 2

人的大部分需要都可以通过给予和接受来满足。

- 需要是共通的，并且是可以识别的。
- 我们的需要不是和某个特定的人相关。
- 我们总是尽量满足自己的需要。
- 感受是需要是否得到满足的有效信号。
- 识别需要能增强我们的自主决策权。

前提 3

为了满足需要，我们会不断探索多种方式——思考、倾听、说话和行为——来供我们选择。

- 我们可以有选择。

- 有很多种满足需要的方式。
- 我们可以选择如何行动。
- 我们可以选择如何思考。
- 我们可以选择如何倾听。
- 我们可以选择如何说话。

前提 4

我们可以不断学习新的方法来满足需要。

- 我们可以改进方法来满足需要。
- 方法奏效我们可以进行庆祝。
- 方法不奏效我们可以从中学习。

前提 5

通过关注需要,我们可以防止、减少并解决各种矛盾和冲突。

- 需要从来不会相冲突。
- 如果我们认为只有一种方式或者一个人可以满足某个需要,那么就会产生矛盾。
- 如果我们选择一个办法去满足某种需要,那就意味着其他一些重要需要不能得到满足,那么矛盾就产生了。
- 为了使大家都能够开心,我们可以找到办法满足每个人的需要。

前提 1

给予意味着帮助别人也成为一个给予的人，
他们也会分享自己带给生活的乐趣。我给予，我存在。

——埃里希·弗洛姆

我们天生都乐善好施

一位家长一大早起床给新生儿喂食；

一个孩子兴高采烈地从学校跑回家里，激动地把自己亲手绘的一幅画用彩纸包好放在爸爸最喜欢的椅子上；

佛罗里达州一个社区的居民齐心协力、互相帮助，清理被飓风破坏的家园。

这些都是各种给予别人帮助的方式。这些给予是人们自然流露出的一种愿望，就是希望自己能够带给别人幸福快乐。事实上，这种奉献他人的愿望正是人本性的典型体现。

因为我们生活在家庭、社区、城市里，我们的生活是和其他很多人的生活息息相关的。与其成为一个自给自足的孤岛，不如成为在同一个社会里相互赖以生存的成员。慷慨与别人分享自己的聪明才智和财富能够使大家的生活都得到提高。

我们每个人都有很多可以给予别人的东西

我们每个人都有聪明才智、独特的才华、各种娴熟的技术以及兴趣爱好的产物可以与别人分享。有人能够献出优美的歌声,有人能够给予别人自己菜园里的蔬菜,有人能够给予别人自己亲手烘焙的饼干,有人能够为别人吟诗作画。

即使不考虑所有的个人技能和才华,我们也有很多其他东西可以给予别人,比如时间、精力、关心。如果有人生病了,也许我们只是陪她一起坐在房间里,这对她也有很大帮助,所以和别人分享自己的时间也是给予别人的一种礼物。如果家人最近有很多工作要做,我们能够出手相助就是最好的礼物;如果朋友很不开心,我们的关心就是一份礼物。

在一个社会里,如果我们想培养出能够关心他人的成年人,那么就应该提供机会让年轻人发现自己能够给予别人什么,亲身体验如何有意识地、积极地给予别人帮助。

我们也希望孩子们能够积极地而有意识地去接受别人的帮助,愿意接受别人的帮助也是我们可以给予别人的礼物。由衷接受别人的帮助并表示感谢能够让这种善意一直流转下去,这样做的结果就是在相互给予的过程中,大家都是平等的伙伴。

任何形式的控制和强迫都会直接妨碍人的自由和智慧。——杰·克里希那穆提

> **练习**
>
> 　　想一下你真诚给予别人帮助的一些方式。列举出你能够给予别人的东西和方式。
> 　　列举出你从别人那里接受的东西。
>
> **小组活动**
>
> 　　把班级/学校里每个人想给予别人的东西列举出来，作为一个资源库。

如果我们自愿帮助别人，那么我们就会很开心地做这件事情

　　当我们得知别人有某个需要，而且知道自己可以帮助他满足这个需求，我们就会有一种想帮助他的冲动，这和父母喂养孩子，或者邻居互相帮助清扫飓风过后的家园是类似的。这种只是希望给予别人帮助而不求任何回报的想法能够带给我们喜悦的暖流。真心体会别人的感受和需要是一种真诚的沟通，这能够让我们体验给予的精神。

　　我们在给予别人帮助的同时也在接受别人的帮助，如果我们给予的出发点是希望能够"得到"，那么就不太可能与别人真诚沟通。另外，如果我们觉得有义务"必须要给予"、"应该要给予"，那么我们与别人的真诚沟通也难以为继。

练习

- 想一次具体的经历，你给予某个人只是出于你想给他而已。
- 你给予了他什么？
- 你感觉如何？
- 是什么使你想要给予？

小组活动

画一幅画，描述上述给予别人的情况和自己对这件事的感受。

- 相互分享你们所画的图画。
- 注意各种不同的给予方式。
- 当你给予别人是出于自愿的时候，注意你的感受是怎么样的。

前提 2

我相信人天生喜欢关心他人，乐于互助。
——马歇尔·卢森堡

人的大部分需要都可以通过给予和接受来满足

我们给予别人是为了满足自己的需要，这听起来好像很奇怪。在人们的需要中，有一项需要是为别人的幸福献出一分力。要完全地拥抱我们由衷给予和接受的天性，就有必要对需要有所理解，掌握表达需要的词汇。

需要是共通的、可以识别的

需要指的是能够在身体上、情感上、心理上、社交上以及精神上给我们支持的东西。需求激励行动。人类有一些共同的基本生存需要，包括空气、水、食物、休息和安全。除了这些基本需要，我们还需要爱、学习、朋友、乐趣以及一定程度的自主权。不论来自哪里，人都有相同的需要，所以即使生活方式、信仰和语言不同，甚至在我们不同意一些人做法的时候，我们也可能理解他们的动机。

满足我们的需要并不依赖于某个特定的人

大部分情况下，我们用五个字就可以清楚地表达自己的需要，例如："我需要澄清"，"我需要知识"，"我需要陪伴"。我们脑海里可能有某个特定的人帮助我们满足某个需要，可是满足某个需要并不依靠那个特定的人。需要不包含特定的人或特定的行为，像"我需要你去……"。认为只有一个人或者一种行为才能满足某个需要是造成各种矛盾的主要原因，这一点我们将在第五个前提里面详细展开。

> **练习**
>
> 列举出你和其他人都有的共通的需要。
>
> （可以参考第四章的"需要词汇表"）

我们总是尽量满足自己的需要

看到孩子在睡觉，就知道他们在学习、玩耍了一整天后需要休息，他们正在满足自己的这个需要。

看到邻居每天早上慢跑，就知道他想要通过运动保持身体健康，他正在满足自己的这个需要。

看到一个学生花很长时间学习，我们猜他正在满足自己学习的需要。

如果一个朋友给我们讲一个笑话，她可能想要满足幽默、与别人开开玩笑或者缓解自己痛苦的需要。

如果我们打电话给朋友，告诉她一些自己担忧的事情，我们正在满足想寻求同情和理解的需要。

事实上，不管我们做什么，都是在满足自己一种或者多种需要。

> 需要是寻找生活真相的表达方式。——马歇尔·卢森堡

> **练习**
>
> 想一下你今天早上做了什么事情
>
> - 你是想满足什么需要？
> - 你能想到还满足了其他什么需要吗？
> - 想一下你说的或者做的其他事情，找出你想满足的需要是什么。
> - 你能想到你说过或者做过的任何事情，是不想满足一个需要的吗？

感受是需要是否得到满足的有效信号

感受是重要的信息传达途径，告诉我们自己的需要是否得到满足。愉悦的感受比如高兴、满意、欢喜就告诉我们需要得到了满足。痛苦的感受比如伤心、难过、沮丧等表明我们的需要没有得到满足。如果我们关注自己的感受，聆听它们所传达的信息，我们就会得到如何满足自己需要的重要线索。如果我们关注别人的感受，了解它们传递的信息，我们就会知道他们重视什么，需要什么。

练习

想一个你感到非常满意的时刻

- 你的什么需要得到了满足？

想一个你感到沮丧或者失望的时刻

- 是什么需要没有得到满足？

小组活动

列一个表格或者做一个拼贴画，把需要得到满足和得不到满足时的感受和需要都列举出来。如果你想起或者听到新的表达感受的词汇，都可以增加到这张表上。（关于表达感受的词汇，可以参考第四章）

识别需要能增强我们的自主决策权

识别我们的需要能够让我们为自己的利益采取行动。我们越明确自己的需要，我们为满足需要所采取的措施就越有效。相反，如果我们不能确定自己的需要是什么，我们的行为就会不那么令人满意，甚至是遗憾的。例如，如果上一天课之后我觉得疲惫不堪，急躁易怒，发现自己从吃完早餐之后就没再吃过任何东西，那么我就能发现我的需要是补充营养。在头脑里有这个清晰的需要后，我就会准备一些有营养的食物来吃。可是，如果我觉得急躁易怒、疲惫不堪，却不去寻找感受的起因（身体需要补充营养），我可能会随便吃点糖果或者冲别人发火。

令人遗憾的是，目前很少有人会从自己的感受和需要方面来考虑问题。大多数人用来表达感受的词仅限于生气、伤心、高兴和沮丧，我们大部分人接受的教育是，有需要表示我们的品行不好，因为它代表我们很"自私"、"贫穷"。好像坚强的人不需要任何东西，而好人会把自己的需要放到最后。

如果在一个社会里，人们不能发现、认识自己的需要，认为不应该有个人的需要，几乎不知道用什么词汇来表达自己的感受和需要，那么在这样的社会中，人们经常会觉得自己很不幸，甚至觉得自己生活得很惨，这会给整个社会带来一些不良的影响。不了解自己需要的人，行为方式会效率低下，甚至具有破坏性。那些因为伤人或者杀人而被关在监狱里的人，就是不明白自己那么做的时候真正想满足的需要是什么。结果也就不能找到真正能满足自己和别人需要的方法。那些吸毒的人也是不明白自己真正想满足的需要到底是什么。

如果他们知道其实自己想要的是放松、缓解痛苦、心神安定或者有归属感，那么他们就很可能会想到其他的方法来满足这些明确的需要，这些方法绝对不会像毒品一样毒害他们的身体健康、破坏他们的幸福生活。在课堂上，我们经常看到一些学生会因为愤怒或者不了解自己真正的需要而动手打人或者出口伤人。如果他们能够学会识别自己的需要是尊重和关心，学会表达自己真正想要的是什么，情形就会大为改观。

例如，一个老师这样对他的学生说："我觉得你就是太懒惰了，才没有做完作业。"这个孩子回答："你真令人讨厌！"这个孩子其实是希望得到别人的尊重和理解，在需要没有得到满足时，他学会的

唯一应对方法就是本能地抵抗。他的这个反应不太可能满足自己的需要。事实上，老师可能会带他去校长办公室，或者增加其他的惩罚，让他更加痛苦。如果这个孩子学会发现自己的需要是希望得到尊重和理解，他就不会辱骂老师，而可能会用其他方式回应老师，让自己和老师都更满意。

如果老师首先明白自己的需要——了解学生究竟遇到了什么事情——他可能会这样表达自己的感受和需要："我发现你没有按照你自己所说的时间完成作业，却看到你在做其他事情，这我有点不明白。你能告诉我是什么妨碍你完成作业吗？"

如果老师能够识别自己的需要，他们就会用使自己满意的方式来处理事情。如果老师学会辨识学生的需要，那么他们能够让学生快乐学习。而且，无论老师是否认识到，其实他们的行为会对学生起到示范作用，学生在与同学相处的过程中会模仿老师的做法。所以如果老师注意学生的需要的话，那么学生也会相应地注意到对方的需要，这就是营造相互合作、相互关心的教学环境的良好开端。

如果整个社会的人都能够学会关注自身和他人的需要，那么我们就能营造一个我为人人、人人为我的社会环境了。

练习

　　回顾一下您的一次经历，你清楚自己的需要，并且通过选择做某件事来满足自己的这个需要。

- 这个需要是什么？
- 你做了什么来满足这个需要？
- 你感觉怎么样？

练习

　　想一次经历，某人告诉你做什么能帮助他满足需要，而你愿意且有能力帮助他。

- 他的需要是什么？
- 你做了什么来帮助他满足了这个需要？
- 你感觉如何？
- 你自己的什么需要得到了满足？

前提 3

在对与错的区分之外,有一片田野。我将在那里与你相会。

——鲁米

为了满足需要,我们会不断探索多种方式——思考、倾听、说话和行为——来供选择。

无论我们是否注意到,我们在思考、说话、倾听和行动方面都有很多种选择。如果我们知道自己有这么多的选择,我们就会选择令人满意的做事方法。

我们可以有选择

我们自从出生以来就是选择的主体。可是在我们的文化中,通常情况下自己做选择的机会是随着年龄和经历的增长而增加的。小时候,成年人为我们的生活做了绝大多数的决定。如果我们希望长大后能够自己做决定,为自己的生活负责任,那么我们就需要在小时候得到更多机会为自己的生活做决定。

自由就是在刺激和反应之间停顿的能力。——罗洛·梅

练习

- 列举出别人（家人、团体、政府）为你选择的事情。
- 列举出你为自己做出的选择。

小组活动

让班里每一位同学都列举出前一页里的两个清单，然后，同学之间相互交流。你注意到了什么？看看学生注意到了什么。

注意：年轻人在听到成年人谈论做选择和为自己的需要负责的时候，可能会恼怒或者生气。因为他们知道自己人生大部分的选择都是由父母、老师和其他成年人为自己做的。而他们的选择常常只有两个——服从或者反抗。大多数孩子好像生活在无数的条条框框中，而这些规矩对自己来说没有任何意义。他们可能根本不相信自己还能做出任何选择来满足自己的需要。他们需要也想得到更多机会为自己的生活做选择。自己希望得到的主权与成年人能够给予他们的选择权之间有很大差距，他们需要更多人理解这个差距。

有很多种满足需要的方式

我们生活在一个丰富多彩的世界。我们的每一个需要都有很多种方法来满足。画画、雕塑、跳舞、唱歌这些是满足我们表达创意的不同方式。要满足学习的需要，我们可以阅读、看电影、听录音、

与别人讨论或者静静地思考。如果我们需要友谊，也有很多种方法来满足这个需要。

> **练习**
>
> 思考一下某个特定的需要：玩耍、尊敬、安全、学习等等，列举出你所能找到的满足这种需要的各种方式。
>
> **小组活动**
>
> 小组中每个人都列举出自己满足某个具体需要（大家共同的需要）的方法，然后大家互相交流。讨论采用不同的方法所取得的结果。
>
> **练习**
>
> 回顾一次你的某个需要没有得到满足时的情况
>
> - 你当时想满足什么需要？
> - 你采取了什么方法来满足这个需要？
> - 你能否想出一个不同的办法来更好地满足这个需要？

我们可以选择如何行动

我可以选择自己的做事方式，如果我想全心全意去给予别人或者接受别人的帮助，那么我就会选择去做尽可能满足所有人需要的事情。

我们可以选择如何思考

就像我可以选择自己的行为方式一样，我可以选择自己的关注重点。如果我只是想着谁对谁错、什么公平什么不公平、谁好谁坏，我就会花费大量的时间来分析、判断、责备、批评——这些思考方式只会使生活不和谐、分散注意力，使我不能集中精力去关注怎样满足各种需要。如果我觉得别人在控制我、利用我、无视我、不尊敬我的话，我可能会觉得烦闷、恼怒、生气。相反，如果我以另一种模式思考，人们所做的一切都是为了满足各种需要，那我可能更容易体会到爱。

我们可以选择如何倾听

在如何倾听别人讲话和听什么内容上，我总是可以有选择的。当有人很难过，他没有表达出自己的感受和需要，却用了像在批评或者责备我的话语，这时我可以选择怎么听他说话，主要听他说什么内容。如果我把他们的言论当作是对我的攻击，我就会觉得自己受到伤害，觉得害怕、生气而采取反击。不管什么时候，在我听到自己或者别人解释、批评或者责备的时候，如果我只是想要听到谁对谁错，那么我就会纠结在紧张、愤怒和心烦意乱上。

相反，如果我选择注意倾听他人的感受和需要，那不管一个人说什么、怎么说，我都会立刻联系到自己由衷给予和接受的天性。

我们可以选择如何说话

对于自己的说话方式，我总是有选择的。说话是一种和别人建立联系的方式，是沟通——分享信息和经验、解决问题、探讨思想。如果我在思考或者听别人说话的时候都是在想着评价或责备别人，那么我说话的时候就可能会反映出这种想法。我与别人的对话将是关于谁对谁错、应该责怪谁、谁应该做什么。我的这些分析、判断以及责备会使我很难听到对方真正的心声。

相反，我可以选择一种说话方式，来说出人们所关心的核心问题。我可以从自己的感受和需要角度来分享我的经历，说出什么能够让我觉得生活更精彩。如果能够这样相互交流信息，那么我们就能像神秘主义诗人鲁米所描述的那样：

在对与错的区分之外，
有一片田野。我将在那里与你相会。
如当灵魂躺在那片草地上，
世界变得太丰富而无法言喻。
观念、语言甚至"彼此"这句短语
都变得毫无意义。

> 一旦我们认识到自己和周围的人都是息息相关的，我们就会自然而然地关心体恤别人了。——瑞秋·瑞米·乐门

前提 4

> 一切事物都是在不断发现和创造的过程中。生活的目标就是发现什么方法行得通，而不是什么是"正确"的。
>
> ——玛格丽特·惠特莉

我们可以不断学习新的方法来满足需要

不论在课堂内外，满足需要都是生活中最重要的事情。作为老师，我们每天都有很多机会练习、改进自己的沟通技巧，同时也帮助学生提高他们的沟通技巧。只要稍加指点和练习，再加上对自己和学生的耐心，我们就可能不断创造或者发现一些新的方法，来满足需要。

即使是年龄很小的孩子也可以为满足自己的需要负责。维多利亚在一个幼儿园的课堂上讲解了非暴力沟通技巧，几个孩子家长说，他们惊喜地发现孩子们从过去哼哼唧唧、吵吵闹闹变得相互合作，他们会齐心协力想办法来满足自己的需要。一些家长甚至告诉我们，他们听到孩子与兄弟姐妹或者朋友群策群力，共同想办法来满足大家的需要。

我们可以改进方法来满足需要

一旦我们意识到自己有某个需要，就可能会想到很多不同的办法来满足它。比如，如果我听到学生整天吵吵闹闹，感觉很痛苦，

那么我就会意识到自己的需要是和谐的课堂氛围、相互合作以及心神安静。这样想之后，我就会尽量想办法来满足这些需要。一个办法或许就是跟学生谈论一下他们的行为以及我的痛苦；另外一个办法就是和其他老师聊聊，了解他们是怎样鼓励学生和谐相处的；还有另外一个办法就是在班级开展非暴力沟通项目。

如果我选择和学生谈论我的苦恼，尽管我已经尽力了，还是没达到我的目的——希望实现班级和谐，同学相互合作。因为我的需要没有得到满足，我就修正自己所用的方法，或者尝试另外一种新的办法。因为我知道可以找到很多种办法来满足这些需要，我可以不断修正办法直到成功。我没有粗暴地批评自己，即使尝试一次、两次甚至三次，也不会期望获得所谓的"正确"方法。当我不急不躁，慢慢地做事并留意是否能够满足自己的需要，我就可以在此过程中不断完善、变换自己的做事方法。

要为满足自己的需要负责，我们可以采取以下步骤：
1）识别需要；
2）选择一个方法来满足这个需要；
3）尝试这种方法是否奏效；
4）对这个方法进行评估；
5）改进这个方法或者尝试其他方法。

如果方法奏效，我们可以庆祝一下

如果我们所使用的方法有效果，自己的需要得到了满足，我们就能更加了解怎样照顾好自己，也对自己更加有信心，认为自己有能力找到更多办法支持到自己，这个时候就应该庆祝一下。

如果方法行不通，我们可从中学习

有时候，如果用一些方法不能奏效，有些人就会将这些方法贴上"错误"的标签，然后就陷入自我批评、自我怀疑和自我惩罚的消极情绪。事实上，"错误"仅仅是一个满足需要的方法，而这个方法并不像我们所想象的那样奏效而已。其实，我们完全可以不这样自责，认为错误很糟糕。我们可以体会自己的感受和需要，找出怎样改进、完善或者调整的策略来达到更加满意的结果。

记住我们总是在尽全力满足自己的需要，这对我们来说是有用的。如果我们害怕犯错误，就会错失一些尝试新事物的机会。我们就不能够自由地去探索、去试验、去玩耍。与其责怪、批评自己犯了错误，不如向这个错误表示遗憾，并从中学习。

从错误中吸取教训，我可以：

观察：我说了或者做了什么让自己感到很后悔？

注意：对于我所做的事情，我对自己说了些什么？我批评自己了吗？

问：我想满足什么需要？

问：我满足了什么需要？

问：我怎么样才能够更有效地满足这些需要？

请求：我现在想做什么来满足我的需要？

练习

回顾一下你所犯过的某个错误——你希望完全用另外一种方法做的事情。

- 你因为做了什么事情或者没做什么事情而后悔？
- 对于你做了或者没做的事情你会告诉自己一些什么东西？
- 你现在对这件事情有什么样的感受？
- 你想满足什么样的需要？你认为怎样才能够更有效地满足这些需要？
- 你现在有没有想采取一些措施来满足这些需要？

前提 5

> 慈悲的整体思想是基于对所有的生命都是相互依存的这一点的认识。
> ——托马斯·默顿

关注需要，我们可以防止、减少并解决矛盾

- 需要从来不会相冲突。
- 如果我们认为只有一种方法可以满足一个需要，就会产生矛盾。
- 选择一种方法来满足某个需要意味着其他的一些重要需要将不能得到满足，这也会导致矛盾出现。

通常情况下，人们发现冲突和矛盾是令人痛苦的，希望能够找到办法防止、减少或者解决矛盾。要解决矛盾，我们可以先识别需要，选择对大家来说都有效的方法来满足这些需要。从需要的层面来讲是没有矛盾和冲突的，通常这些都是人类的共同需要。比如：你我都有学习和与别人联系的需要；你我都有希望得到别人信任和尊重的需要。这些对我们来说都是一样的。

如果不是需要引起矛盾，那又是什么引起矛盾呢？当我们认为只有一个方法或者一个人才能满足某个需要的时候，矛盾就产生了。同样，如果选择某个办法满足一个需要，那意味着另外一些重要的需要——不管是你的还是我的——就不能得到满足，矛盾也会产生。

下面这个例子就很好地说明了这两种矛盾产生的原因。假设课堂上突发某种情况，老师想尽快和某个学生的家长谈谈。为满足她与学生家长沟通的需要，这位老师让学生在她打电话的时候花20分钟时间写一篇作文。可是，不巧的是学生们刚刚上了一节很长时间的数学课，非常累，想要自由活动一下。如果她认为只有一种方法能够满足自己的需要，这位教师就不可能听到学生的感受和需要。于是，她就不断尝试新办法来说服学生她是正确的，学生"应该"写那篇作文。

她会说一些让学生觉得内疚的话，比如，"昨天数学课之后我按照你们的要求做了什么事情，今天你们就该按照我的要求做事了。"或者她会给学生贴上各种标签或者责骂学生："我觉得你们不是累了，你们就是懒惰。"这很容易让学生心生怨恨或者愤怒。她甚至威胁学生说："如果你们不在课堂上写的话，我就把你们的课堂参与成绩定为'差'，那你们就不得不把这篇文章作为家庭作业带到今天晚上去完成。"这样会让学生焦虑或生气。

在以上两种情况下，因为她都确信只有一种方法来满足她的需要：（让学生写一篇作文），这必然会导致矛盾产生。

相反，如果老师能够退一步，在考虑自己的需要的同时也关注学生的需要，那么她就会尝试其他不同的方法。她可以问学生，在接下来的20分钟里他们是否能保持安静，做自己想做的作业。也可以让学生在她打电话的时候轮流相互读故事。或者，她也可以与学生集思广益，想出一个满足所有人需要的解决办法。

以上任何一个方法都会既满足学生的需要，又能满足她自己的需要，会引导学生更加合作。

从需要层面考虑，老师处理紧急情况的需要和学生希望老师考虑他们劳累的需要并不冲突，是在选择满足需要的方法上容易产生冲突。

要防止、减少或者解决矛盾需要具备一种能力，能够关注各方需求，同时要具有创造性，灵活多变，能够选择合适的方法来满足需要。

> **练习**
>
> 回顾一下，你是否经历过这种情况：你做事完全没有考虑自己的行为可能对别人造成什么影响
>
> - 你做了什么事情？
> - 结果怎么样？
> - 你满足了自己的什么需要？
> - 你的什么需要没有得到满足？
> - 其他人的什么需要没有得到满足？
>
> **练习**
>
> 思考一次你放弃了自己需要的经历
>
> - 你做了什么事情？
> - 你放弃了什么需要？
> - 你当时感受如何？
> - 你现在感受怎样？

小组活动

课间休息时演一出幽默短剧，让一个学生从另外一个人手里拿一个球，跟学生讨论：

- 在拿球的时候，这个人想满足什么需要？
- 他拿到球之后发生了什么事情？他感受如何？
- 他的什么需要得到满足了？什么需要没有得到满足？
- 先拿着球的那个人感觉怎么样？
- 那个人的什么需要没有得到满足？

练习

回顾一下你的需要没有得到满足的一次情况

- 你想满足的是什么需要？
- 你用了什么方法来满足这个需要？
- 你能想出一个更好的方法来满足这个需要吗？

为了使大家都开心，我们可以找到办法来满足每个人的需要

因为有很多种方法能满足需要，为了满足我们自己和他人的需要，我们会不停地寻找好的方法，在此过程中，常常会发现很多新的办法，通常它们都是很有趣并且令人满意的。

练习

想象一下你刚刚备完一节课。由于学生的学习方法各种各样，为了让他们都能喜欢这堂课，你花费了大量时间准备各种课堂活动。

- 你脑海里的上课情形是什么样的？
- 你希望能够满足自己的什么需要？
- 你希望能够满足学生的什么需要？
- 想象一下学生上这节课时的情形，你会有什么样的感受？

练习

设想一个孩子把她的小狗带到课堂上，展示给大家，并讲述关于这只小狗的故事。

- 她可能在满足什么需要？
- 这能满足整个班级什么需要？
- 能够满足老师什么需要？
- 能够满足小狗的什么需要？
- 学生、老师和狗的什么需要可能没有得到满足？

练习

回想一下你们班都格外开心的时光，列举出所有你和其他人被满足的需要。

每一时刻都能重新发现由衷给予和接受的天性

- 请求你看到自己是一个能够施与的人——你的财富多到无法计算,这能够帮助你满足自己的需要,同时也能满足别人的需要。
- 请求你看到他人是正在尽力满足自己需要的人。
- 请求你看到自己能够选择自己的思考、说话、倾听和与人相处的方式。
- 请求你不断改进、尝试新事物、不断犯错、学习新的方法来给自己和别人帮助。

家人、朋友、同事,尤其可能是学生,无数次请求你接受他们的支持和帮助,也希望你对他们的生活能够支持和帮助。设想孩子们每天来到学校,恳求你看到他们真实的天性。在他们渴望与你一起学习或者向你学习的心灵中,这样的看法将会呈现出多么不同的景象。

或许下面这首歌表达了学生希望你怎样看待他们。

教给学生的一首歌:

请看到我的美丽
选自莱德与凯西·格莱美

请看到我的美丽
请寻找我生命的亮点

那是真正的我和我想成为的

这也许需要一点时间

也许找起来很难

但请看到我的美丽

请看到我的美丽

每一天

请去尝试一下

请找到那个方法

从我做的每一件事情里

看到我的闪光之处

并看到我的美丽

选自《教和平》，经过莱德与凯西·格莱美授权的《红色笔记》唱片。

人类的生命力或多或少在于与人联系、表达或者沟通的热情与活力。——罗斯芒德·赞德

Chapter 1
重新学习由衷给予和接受的语言

给予和接受的语言是我们天性的语言：它表达了人类的共同需要，告诉我们什么能使生活变得更美好。这种沟通交流的方式使我们相互之间更容易给予或者接受帮助——享受生活、丰富生活。

·· 豺狗式语言 ··

令人遗憾的是，大部分人没有学到自己天性的语言。千百年来，我们大多数都在说一种语言，这种语言让人很难愉快地给予和接受。它只能满足我们部分的需要，而使这个世界充满痛苦，这其中包括我们课堂上的诸多矛盾与冲突。

这种语言具有以下特征：

给人贴标签：你很小气……她很专横……他很笨……我很懒……

做论断：我是对的……你是错的……我们很好……他们很糟糕。

责备：是她的错误……你本应该……我应该受到责备……

拒绝选择机会：你必须……我不能……他们让我……

提要求：如果你不按照我想的去做，你会后悔的。

为使讲解更加生动有趣，我们把这种语言称为：豺狗式语言，因为豺狗这种动物通常贴地行进，视线局限于自己面前。使用豺狗式语言的人通常认识不到自己是有选择的，只知道一种方法应对他们所经历的事情，绞尽脑汁想谁好谁不好，谁对谁错，应该怪谁。豺狗式语言里没有关于感受和需要的词汇，人们很难认识到并很少表达自己的内心世界。这种语言传达的只是想法、信念和观点。豺狗式语言使我们难以由衷地给予和接受，充斥着责备和责骂。

这种语言充斥着批评、标签、责备和各种要求，因此让人感觉毫无乐趣，但对很多人来说，这是我们所知道的唯一的说话方式。随着时间的推移，我们会发现自己不知不觉中已经很习惯使用豺狗式语言，即使我们一而再地发现这样说话并不能达到自己的目的，有时候甚至会把情况搞得更糟糕。

幸运的是越来越多的人正在重新发现和学习表达给予和接受的语言。使用这种语言，我们就很容易把那种具有破坏性的、阻碍生

> 我们的语言习惯处于我们认识这个世界的方式的核心位置。——奈尔·鲍特曼

Section II
营造非暴力课堂的方法

命连接的豺狗式信息转变成服务于生命的语言——有助于满足人们需要的信息。

这种表达给予和接受的语言有很多名称，其中包括：非暴力沟通、爱的沟通、心灵之语。为了生动有趣，我们把这种语言称为"长颈鹿语言。"*

---

*非暴力沟通有时候又称为长颈鹿语言。非暴力沟通中心所使用的长颈鹿形象以及术语"长颈鹿"与"长颈鹿项目"没有任何关联，后者是另外一个独立的组织，有自己的培训方法和教材。

· · 长颈鹿语言 · ·

之所以选择长颈鹿来代表表达给予和接受的语言，主要基于以

下几点原因：

- 长颈鹿是所有陆地动物中，心脏最大的动物，而这种语言就是为了让我们联系到自己的内心——我们的感受和需要。
- 长颈鹿很高，有着无与伦比的优势；视野宽广，能够看到多种满足需要的方法。长颈鹿不会局限于一种角度去看待问题。因为看得远，它们能够看到自己所做的选择对当前和未来的影响。
- 长颈鹿愿意"伸出自己的脖子"——说出自己内心的想法和自己想要的东西。这让它们很容易受到别人的指责，说他们"以自我为中心"，或者"自私"。但是长颈鹿也会"伸长自己的脖子"照顾别人，倾听他们的想法。这要求它们要有开放的勇气，倾听他人说了什么，以及他人对我们所说的反应。
- 所以说长颈鹿视角包括宽广的视野和一颗强大的心——思想和感情的结合。

为了讲清楚两种语言在思考、说话和做事方式的区别，很多老师都会使用长颈鹿和豺狗玩偶或者道具耳朵。这些玩偶和道具也为学生进行角色扮演提供了一些直观的帮助，使我们的学习过程充满欢声笑语。

我们发现大人和小孩都喜欢用长颈鹿和豺狗的形象来学习这种语言。但是 10~18 岁的人会认为这样做很"幼稚"。随着你对这种语言越来越熟悉，你就会把它变成自己的语言，会找到很多方法来使用并不断调整它，使之适应不同的年龄、不同群体和不同文化的人的感情需求。

为了使讨论简单有趣,我们用长颈鹿语言来表示由衷地给予和接受的语言,用豺狗式语言来表示我们习以为常的责骂和责备的语言。

注意:一定要清楚我们使用长颈鹿和豺狗比喻只是为了方便表达不同的思考方式,并不是用来指不同类型的人。我们都有可能会因为忽视人的重要的需求而陷入豺狗式的思考、倾听和谈话方式。事实上,根本没有长颈鹿和豺狗,有的只是时刻努力满足自己需要的人。

长颈鹿语言有助于我们:

- 对自己和别人的需要同样关心。
- 倾听自己和别人内心的声音。
- 说出自己所观察到的东西。

学习长颈鹿语言很像学习一门外语:要不断学习和练习才能够流利地表达。我们开始的时候会觉得舌头打结,很尴尬;有时我们甚至怀疑自己是否真的能够学会这种语言。然而,学会一点外语都能够提高我们的沟通能力。即使刚开始的时候,我们使用起来还很笨拙,但是尝试着去说能够提升我们与人真诚的沟通。

虽然要改变原来的思考、倾听和说话的习惯并不容易,但是大量证据表明这还是能够做到的。当你看到长颈鹿语言从当前和长期来看都是有益的,你就会受到鼓舞,越来越有希望。它所带来的益处包括:

- 明白对自己来说什么最重要
- 更深层次地与自己和别人联系沟通
- 真诚交流

- 增进相互合作、理解与尊重
- 对自己更加负责
- 更有朝气
- 更具有好奇心

你想要玩哪个游戏？

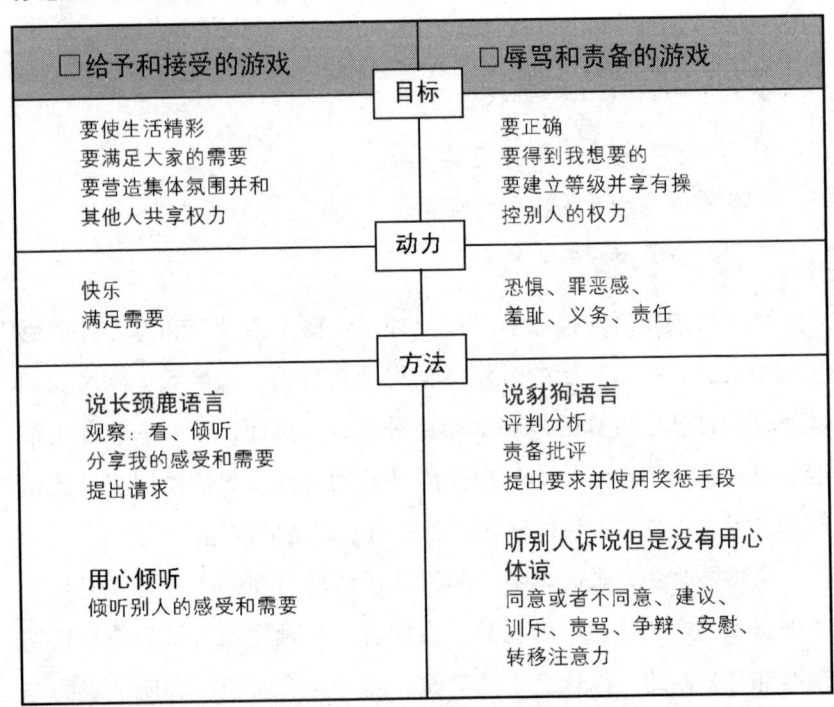

□给予和接受的游戏		□辱骂和责备的游戏
要使生活精彩 要满足大家的需要 要营造集体氛围并和其他人共享权力	目标	要正确 要得到我想要的 要建立等级并享有操控别人的权力
快乐 满足需要	动力	恐惧、罪恶感、羞耻、义务、责任
说长颈鹿语言 观察：看、倾听 分享我的感受和需要 提出请求 用心倾听 倾听别人的感受和需要	方法	说豺狗语言 评判分析 责备批评 提出要求并使用奖惩手段 听别人诉说但是没有用心体谅 同意或者不同意、建议、训斥、责骂、争辩、安慰、转移注意力

下面我们将会讨论目的、感谢和长颈鹿语言的四个基本要素。对于新接触非暴力沟通的读者来说，这只是一个简明扼要的介绍，而对于熟悉这种沟通方式的读者来说将提供一个提示或参考。如果想要更加详细地了解长颈鹿语言，我们建议大家阅读马歇尔·卢森

堡的著作《非暴力沟通：生活的语言》（*Nonviolent Communication: A language of Life*）。如果希望真正地学习并练习这种语言，我们建议你参加非暴力沟通的培训，研讨会和练习小组。

目的

沟通的内容90%在于目的。长颈鹿语言的目的就是连接到自己及他人，为找到方法满足共同关注的需要而进行对话。我们的话语是与别人建立良好关系的有效途径。没有清晰明确的目的，即使再娴熟的表达技巧也是空洞的。

如果我们的目的是真诚地给予和接受，那么我们就会尽量时刻关注在我们身上发生的事情。与此同时，我们也会想要了解别人的感受和需要。

> **练习**
>
> 用自己的话写下你的目的：你想要与周围的人建立什么样的关系？

牢记你的目的

有很多种方法可以帮助你牢记和滋养你的目的：在一天工作开始之前想一下它。在与别人紧张的交流中深呼吸一下，体贴一下自己，保持在自然状态中，阅读一些鼓舞人心的书籍，冥想、祈祷、歌唱、跳舞、写作、作图、绘画等等。不论何时，只要我们整理一下自己的目的，我们就会心情开朗，对自己和别人也能更加自然地体恤。

> **练习**
> 有哪些方法可以帮助你记得自己的目的？

感谢

你越善于表达感谢，就越不会遭人记恨，觉得沮丧或者失望。感谢可以作为一副灵丹妙药，逐渐融化你坚硬的外壳——你的支配和控制欲，使你不再以自我为中心，变得慷慨大方。心存感激能够让我们从精神上不断升华，使我们胸怀广阔。

——塞姆·肯

感激也是一种帮助我们连接目的的方法。如果我们经常回想给予别人的礼物和我们所接受的礼物，就能够使大脑和心灵得到不断滋养。

> **练习**
> - 什么能够触动你的心灵？
> - 你会为什么事情而感激？

Section II
营造非暴力课堂的方法

沟通流程图

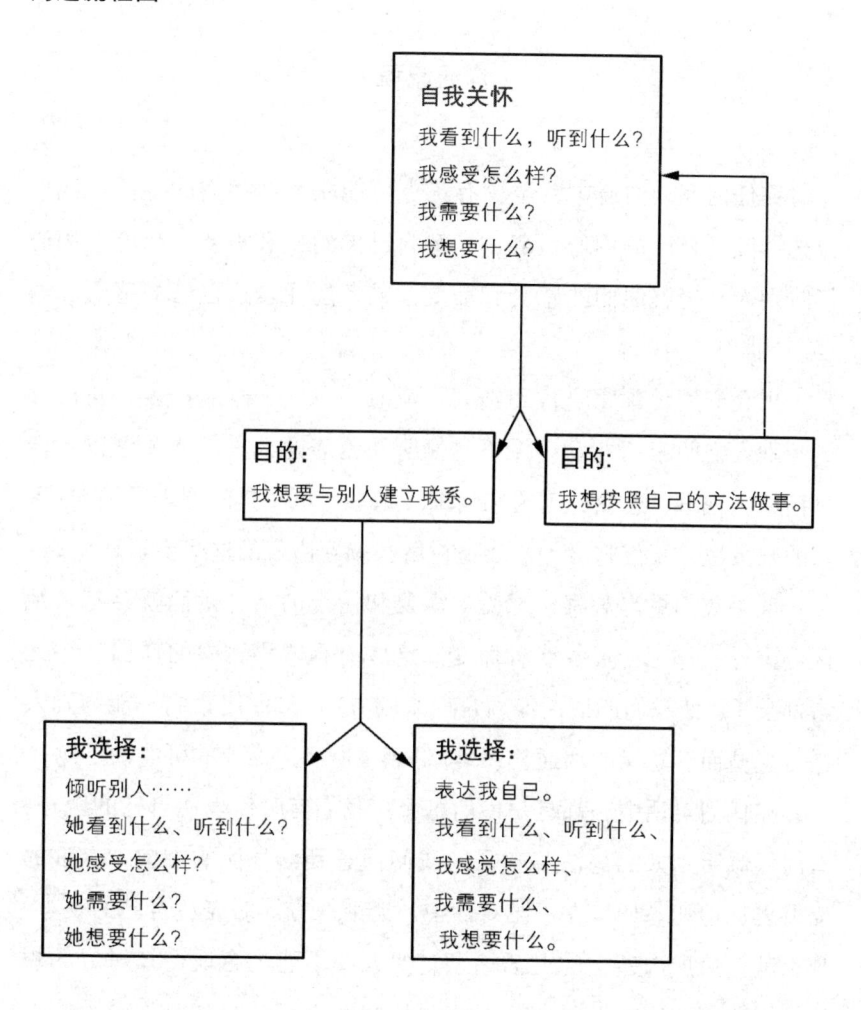

自我关怀
我看到什么，听到什么?
我感受怎么样?
我需要什么?
我想要什么?

目的：
我想要与别人建立联系。

目的：
我想按照自己的方法做事。

我选择：
倾听别人……
她看到什么、听到什么?
她感受怎么样?
她需要什么?
她想要什么?

我选择：
表达我自己。
我看到什么、听到什么、
我感觉怎么样、
我需要什么、
我想要什么。

> 长颈鹿语言的一个独特特征就是它只需要沟通中只有一个人了解这种语言，就能够在沟通中不断增加理解，建立联系。——马歇尔·卢森堡

··沟通流程··

在任何互动沟通中，至少有三点可能联系到我们的生活：我可以选择倾听自己的内心世界，了解自己的感受和需要；我可以用心倾听别人，理解他们的感受和需要；或者选择表达自己的感受和需要。

当我们用长颈鹿语言和别人交流时，我们不停地在表达自己和倾听别人之间来回互动。无论是倾听还是表达，我们要关注以下四种信息：观察、感受、需要和请求（请参考下一页的图表）。在接下来的几页里，我们将会一步步地讲解长颈鹿语言的这些要素。

如果我们重视观察、感受、需要和请求的话，我们就会有效地区分批评、评判、责备或者命令。这些豺狗式语言中的任何一个元素都会1）使我们的谈话偏离它原来的方向，2）使我们不能与别人进行真诚而有意义的沟通，3）降低满足所有人需要的可能性。

在任何对话中，都有一种信息流：我们有时候表达自己的观点，有时候倾听别人的想法。它帮助我们注意到信息流的方向，看谁的需要更加迫切。如果在一段对话中，谈话双方同时表达自己的观点，那么就会造成沟通上的交通堵塞，两人都不能满意地得知对方的想法。因此，我们在学习和练习使用长颈鹿语言的时候要学会一些技巧，观察沟通信息流的方向，估量当时的需要，感受表达和倾听的节奏。

人们经常把长颈鹿语言描述为："联系的美丽舞蹈"，"畅游在甜

蜜生活中","优雅"。要跳好这支舞,我们就不要对结果期望太多,相信在沟通的过程中,满足所有人需要的办法将自动浮现。我们无法预先知道这些办法是以什么样的形式出现。

··长颈鹿表达方式··

我尽量诚实地说出:我的观察、感受、需要、请求

观察:我说出自己的所见所闻。
　　　当我听到……
感受:我说出自己的感受如何。
　　　我感到……
需要:我说出我需要什么。
　　　因为我需要……
请求:我请求要我觉得能满足自己需要的
　　　东西。
　　　现在,我想要……
　　　如果你乐意……

··长颈鹿式倾听/理解··

我尽量猜测：你的观察、感受、需要、请求。

观察：我猜测你的所见所闻。
当你看到/听到……
感受：我猜测你的感受。
你觉得……
需要：我猜测你的需要。
因为你需要……
请求：我猜测什么有助于满足你的需要。
现在你希望……

非暴力沟通的第一个要素是区分观察和评论。我们需要清楚地观察我们正在看到、听到以及接触到的什么正在影响我们对幸福的感受，而不掺杂任何评价。——马歇尔·卢森堡

··第一步：观察··

> **要点：**
> - 清楚地描述我们所见、所闻、所感、所记的内容——不掺杂任何评价。
> - 对于需要我们做出回应的事情，尽量客观描述，就像通过摄像机镜头所看到的那样。
> - 我们所观察到的内容一旦加入评价、判断或者辩解都可能会引起其他人的防御心理。

例如，如果我说："你真没礼貌"，那么听到这句话的人会把它当作批评。相反，如果我说："今天早上我跟你打招呼的时候你没看我，"那么这个人可能会同意我的观察，继续听我说下去。

- 当我们使用观察的语言，我们就迈出了与别人建立良好关系的第一步，为进一步的对话铺平了道路。
- 当我们把自己的观察反馈给学生，就是在提供具体的建议，帮助他们学习了。

例如：想象一下你听到以下几句话的感受。

你的作业一团糟。（评价）
我看到你的试卷边上有一些标记。（纯粹的观察）

> 不带评论的观察是人类智力的最高形式。——杰·克里希那穆提

你是个糟糕的听众。(评价)

当我在跟你讲话的时候你在看书。(纯粹的观察)

你真没礼貌。(评价)

今天我向你走过去的时候,你朝另外一个方向跑了。(纯粹的观察)

你很不负责任。(评价)

这周你说了两次要完成作业,但是到现在都没有交。(纯粹的观察)

如果这样日复一日,老师把观察与评价区分开来使用,他们的学生就会学习到长颈鹿语言的第一步——怎么清楚地观察。(请参阅第五章,了解学生练习观察的方法。)

··第二步 感受··

感受指的是与人的需要相关联的内在经历与情感。当需要得到满足的时候,我们就会有愉悦的感受,如高兴、激动、兴致盎然、内心平静。当需要得不到满足,我们会有痛苦的感受,如烦心、伤心、害怕或者沮丧。

> 心脏是大脑运作的统帅。——弗兰克·罗伊德·莱特

要点：

- 感受可以用最简单的五个字来表达。例如："我感到伤心"、"我感到担心"、"我感到激动"、"我感到高兴"。
- 所有的感受都是没有错的。事实上，我们可以把感受当作传达需要的有效信息。

  如果我们烦心，说明我们有一些重要的需要没有得到满足。如果我们觉得害怕，表示我们需要安全感。如果我们觉得满意，我们就知道自己的需要得到了满足。

- 通过联系自己的需要（渴望、愿望、梦想）来表达感受，我们就能为自己的感受负责：

  我感到很欣慰，因为我需要理解，而且我得到了理解。
  我感到很烦心，因为我想得到照顾，却没有得到。
  你觉得害怕吗，你心里是否期望保证自己的人身安全？

如果我们认识到，自己的感受是因需要而引起的，那么我们就有能力处理好它。相反，如果觉得自己的感受是因为别人的行为引起的，那么我们就会觉得自己很无助。

豺狗式语言的一些常见表达有：

我很生气因为你……
他让我很高兴。
她让我很生气。

观照自己的怒气，把它作为你花园里的肥料。——一行禅师

如果老师使用非暴力沟通方式中感受的语言，并能够区分想法和感受，学生就会自然地多用一些表达感受的词汇，更加乐于表达自己的感受。（请参阅第五章，了解学生可以练习表达感受和倾听别人感受的方法。）

··伪装成感受的想法··

感受是长颈鹿语言的关键要素，而豺狗语言中几乎没有表达感受的词汇。豺狗式语言经常脱口而出，不会照顾别人的感情和心理是否会受伤。相反，这种语言关注的重点是想法、观点和判断。有时候它们会假装成表达感受的语言形式出现，引起误会和困惑。例如："我感觉这是不公平的。""不公平"并不是一个表达感受的词，它只是一个想法，来表达一种评价。

在以下豺狗语言的各例中，注意，虽然用到了"感觉"这个词，但是我们并不知道说话人的真实感受是什么：

我感觉你很小气。

我感觉自己是一个无关紧要的人。

我感觉这不对。

在以上各句中，把"我感觉"换成"我认为"更确切。

虽然下列短语中有"感觉"这个词语，但是它们真正表达的还是想法、判断或者评价。

我感觉喜欢……

我感觉……

我感觉它……

我感觉好像……

我感觉你/他/她/他们……

假的感受

很多经常和"我觉得"一起使用的短语实际上是对别人对待自己方式的一种评价或者辩解，这些假的感受有：被抛弃、接受、攻击、责备、背叛、逼入困境、批评、被鄙视、被甩、忽视、侮辱、恐吓、遗忘、落下、失望、操控、误解、忽略、控制、压迫、放下、拒绝、敲诈、压制、威胁、被捉弄、感觉自己的声音没人听、自己不重要、遭到无视或者被利用。

愤怒

愤怒是一面红色旗帜，表示我有一些重要的需要没有得到满足。愤怒表示我把一些感受（通常是害怕或痛苦）与评判性的想法相混淆。我们的一些想法，如别人"应该"怎么做，"不该"怎么做确实会让我们生气。觉得自己"应该"或者"不应该"做某件事会把我们导向沮丧。

在我很愤怒的时候，我会听到以下三种信息：

1）有些东西我很想要，却没有得到。

2）我告诉自己我应该得到，或者有人应该给我。

3）我接下来的做事方式将使自己的需要肯定得不到满足。

用长颈鹿语言来表达愤怒

我的目的不是要否认、控制或者应付自己的怒气。也不会因为自己生气自责。相反,我会从生气中学习,学会以一种最能满足自己需要的方式来表达怒气。我能做的五件事就是:

1) 深呼吸。
2) 花时间注意自己身体内部发生了什么。
3) 避免把自己的感受迁怒到别人身上。
4) 注意那些使自己生气的责怪别人的想法:我很生气,因为我觉得她/他/我应该⋯⋯
5) 识别并表达出潜藏在批评指责背后的感受和需要:我感到很伤心/痛苦/害怕是因为我的⋯⋯需要没有得到满足。

感受词汇表

需要得到满足时	需要没有得到满足时
舒服，充满活力、满意、自在、放松、感到安全	**不舒服**，心神不安、易怒、缺乏安全感、痛苦、很难过、很窘迫
精神焕发，精神振作、精力充沛、非常灵活、放松、有生气、意志坚定	**疲倦**，筋疲力尽、瞌睡、迟钝、虚弱、迷茫、毫无生气
兴致盎然，很好奇、激动	**冷淡**，感到无聊、枯燥
高兴，开心、充满希望、心怀感激、高兴、生气、快乐	**伤心**，不高兴、失望、沉重、孤单、悲观、灰心
安静，平静、头脑清晰、满意	**紧张**，担忧、困惑、紧绷
充满爱心，良好联系、热情、开朗、温柔、友好、亲切	**狂怒**，生气、愤怒、沮丧、伤心、暴怒、充满敌意
充满感激，感谢、心存感激	**烦恼**，失望、痛苦
有趣，爱冒险、充满生气、充满灵感、受到鼓励、热情洋溢	**恐惧**，害怕、犹豫不决、震惊、担心、焦虑、受惊、不知所措

　　这个感受词汇表能够帮助我们扩展和丰富表达感觉的词汇。建议你和学生一起来不断增加一些表达感受的词汇到这个表里面。要了解更加详尽的表达感受的词汇，请参考由马歇尔·卢森堡所著的《非暴力沟通:生活的语言》或者参考网站 www.cnvc.org 上面的表达感受的词汇表。

··第三步　需要··

在长颈鹿语言里面，需要这个词是我们用来描述能够在身体上、情感上、心理上、人际关系上和精神上给予我们支持的东西。需要以及由需要引起的各种感受，能够时刻表达我们生活过得怎么样。

要点：

- 虽然我们的文化、习俗、语言、信仰不同，但我们有着人类共同的需要。
- 要在这个星球上生存下去，我们需要水、空气、食物和住所。
- 除了基本的生存需要，为了生活幸福、繁荣发展，我们还有其他的需要。这些需要包括：支持、爱、欣赏、理解、诚实、自由、友谊、学习和乐趣。
- 如果我们识别并表达出自己的需要，就更容易找到方法来满足这些需要。
- 当我们向别人说出自己的需要，我们就是在用人类共同的语言创造人际联系、理解和爱。
- 如果我们像关心自己的需要一样去关心别人的需要，那么他们更可能乐意给予我们帮助。

区分需要和策略

> **要点**:
> - 当我们确定了自己的某个需要时,我们可以想出各种策略,并找出最能满足这个需要的办法。
> - 不同的需要之间从来不会有矛盾。但是,如果我们关注的重点是满足需要的办法,这时候就会出现矛盾。如果我们决定使用一个方法推进某项工作,导致其他一些重要的需要没有得到满足,这样就可能出现矛盾。如果做某件事时,我们使用的方法和别人的方法相冲突,这样也会出现矛盾。
> - 只要我们能够区分自己的需要和用来满足需要的具体策略,我们也可以用其他词汇来表达需要:想、盼望、重视、期望、希望、梦想或者渴望。

例如:

需要:我看重诚实。

方法:我问学生,他们是否愿意告诉我他们不喜欢课堂上哪些内容。

需要:我不想浪费我的时间。

方法:我问学生,他们能否在上课铃声响的时候坐在自己的座位上。

需要:我渴望一个相互尊重的课堂环境。

方法:我问学生,他们是否愿意告诉我和其他同学,哪些行为能满足他获得尊重的需要。

如果老师能够从需要层面与学生沟通，并把需要和与满足需要的策略区分开来，学生就会为满足自己的需要承担更多责任。（请参阅第三章，了解更多关于需要的信息。参阅第五章，了解能够帮助学生认识自己需要的活动。）

需要词汇表

我们都需要
乐趣
玩耍
学习
选择
物质营养
空气、运动、食物、人身安全保护、休息、性表达、住房、触摸、水
与自己的关系
成就、自我了解、真实、挑战、清晰、能力、创造性、正直、了解自己的天赋才华、意义、隐私、自我发展、自我表达、自我价值
与别人的关系
欣赏、归属感、分享生活的快乐与忧伤、亲密、社区、体贴、情感安全、同情心、诚实、相互依靠、善良、爱、合作、安心、尊敬、分享天赋与才华、支持、在乎、信任、理解、温暖
与世界的关系
美丽、亲近大自然、和谐、启发、秩序、和平

> 非暴力沟通的目的不是要改变别人和他们的行为，使之符合我们的标准，而是要建立以诚实和友爱为基础的人际关系，最终满足每个人的需要。——马歇尔·卢森堡

这个需要词汇表并不完整，我们希望您不断增加词汇来完善这份表。

··第四步　请求··

如果其他人能帮我们满足需要，我们可以请求他帮我们满足它。通过做出这个请求，我们也给别人提供了帮助我们的机会。在豺狗式语言中，要求比请求更常见，但要求经常会引发恐惧、内疚，让人觉得是一种责任或者羞愧，而不是真正想开心地提供帮助。

要点：

- 请求是表示我们想要什么，而不是我们不想要什么：
  请仔细地听我的指示。（我想要的）
  请不要和你的邻居说话。（我不想要的）
- 请求要的是现在的行动：
  你现在愿意花5分钟时间把你的东西收好吗？（现在）
  从今往后你能不能保持桌面整洁？（将来）
- 请求一般用描述行为的语言来表达——我们希望别人"做什么"而不是我们希望他们"怎么样"。
  我阅读的时候，你愿意小点声讲话吗？（行为）
  你能不能对别人尊重点？（状态）

> - 请求是明确具体的而不是笼统的：
>   你乐意花 20 分钟做数学作业吗？（具体）
>   你能不能做作业？（笼统）
> - 只有别人愿意的时候才让他们按照我们的请求做事。

要清楚地表达请求，我们需要：

1) 有意与别人建立良好关系，而不是"按照你的方式做事。"
2) 使用现在时的、积极的、具体的、可行的行动性语言。
   你乐意告诉我是什么妨碍了你九点钟准时来上课？（现在、积极、可行的）
   你能不能从现在开始负责任一点啊？（模糊，没有具体行动）
3) 以问题的形式提出请求，以表示他人可以选择是否按照你的请求做事。
   你愿意和简一起为这个技术项目做一份表格出来吗？
4) 如果别人不答应你的请求，要表示理解。我们听到别人对自己的请求说"不"时所作出的反应可以区分我们提出的是请求还是要求。如果我们听到别人说"不"的时候很伤心难过，那么我们就可能是提出了要求。如果我们真是提出请求的话，就可以接受"不"，并寻找其他的沟通办法。

要求

老师：你愿意课间休息的时候帮忙捡一下垃圾吗？
学生：不愿意。
老师：你偶尔也应该自愿帮一下忙。

请求

老师：你愿意课间休息的时候帮忙捡一下垃圾吗？

学生：不。

老师（联系"不"背后的需要）：你是不是有事情要做？

如果学生听到老师对他们请求而不是要求的话，他们也将学会请求别人做事。（请参阅第五章，了解更多关于帮助学生学习如何做出请求的活动。）

请求的例子：

联系请求：

如果你想更好地与别人联系感情，可以做出联系请求。

需要：我想知道自己是不是表达得很清楚。

请求：您能告诉我你听到我说了什么吗？

需要：我想理解你现在感觉怎么样。

请求：你愿意告诉我吗？

需要：我想知道你对我说的有何不同意见。

请求：如果你有任何不同意见请告诉我好吗？

行动请求

如果你对自己与别人的关系比较有信心，想提出请求或者一个明确的行动，你可以提出行动请求。

需要：我想专注于当前正在进行的谈话。

请求：你乐意请其他人帮忙吗？

需要：我想运动又想跟你进行沟通。

请求：你愿意跟我一起散步吗？
需要：我想帮助你学习。
请求：在这个项目上，我能帮你做点什么吗？

长颈鹿式自我体恤

我对自己说：我的观察、感受、需求和请求。

观察：我说出自己所见所闻。
　　　当我看到/听到……
感受：我说出自己的感受。
　　　我感到……
需要：我说出我的需要。
　　　因为我需要……
请求：我确定能够满足自己需求的办法。
　　　现在我要求自己去做……

倾听自己：自我体恤

练习使用长颈鹿语言帮助我们养成良好的习惯，经常检视自己身上发生了什么——关注自己的感受和需要。我们这样做，就满足了自我连接、自我体恤的需要。

对自己内心世界的洞察使我们连接到周围的一切，这样我们能够清楚地看到所有生命的一体性。——莎朗.塞尔伯格

要点

- 如果我不了解自己的感受和需要，就不能了解别人的感受和需要。事实上，如果我发现自己不能与他人情意相通，就清楚地表示我自己也需要关爱。
- 在我有愉悦的感受——开心、激动、高兴、满意的时候——自我体恤这种方式能够让我心存感激并庆祝自己的需要得到满足。只要认识到自己的需要得到了满足，我就会对自己的能力充满信心，觉得将来的需要也能满足。
- 当我有痛苦的感受——觉得烦心、痛苦、担忧、生气时——花点时间连接自己的感受和需要，常常这样做能自我放松、自我理解、自我关爱。当我觉得困惑的时候，倾听自己的想法或者与内心对话能够使我的大脑更清晰。在我喋喋不休、充满抵触情绪、与别人激烈争论、感到愤怒、感到沮丧或者不能听到别人的感受和需要的时候，自我体恤尤其有帮助。

通常情况下，自我体恤关注的是我观察到什么、有什么感受和需要。

举例：

当我听到自己今天用这么大的声音跟学生讲话时，我感到很难过，因为我没有跟他们进行很好的沟通，我本来不想这么做的。

完成了书的那个章节之后，我感觉很开心，因为我想明天在班上完成这个项目。

我有些困惑，想弄清楚是怎么回事。

··倾听别人：同理心··

同理心是以一种尊重别人的方式来理解别人的经历。而我们通常更趋于迫切给别人提建议、安慰或者谈论自己的立场和感受，而不是与人共鸣。而同理心要求我们清空头脑，全神贯注地去倾听别人。

——马歇尔·卢森堡

同理心意在连接到别人的感受与需要，给予别人的是我们的临在——没有评价、分析、建议、故事或者任何想改变别人的动机。

> **要点**
> - 如果我们用同理心体会别人，我们就会认真倾听他们的感受和需要，甚至在他们的语言听起来像是在批评、责备或者指责我们的时候。
> - 用同理心体会能够满足大家相互沟通、理解与关心的共同需求。
> - 用同理心体会并不意味着我们必须与他意见一致或者按照他的要求去做事。
> - 同理心并不一定要用话语表达，反而常常是默不作声。当然，如果语言更加有助于表达理解，非暴力沟通建议我们猜测别人的感受和需要，这表示我们对别人的一种尊重的理解，因为我们很难确定别人的感受和需要。无论准确与否，猜测一下别人可能有什么样的感受和需要还是很有用的。你的猜测有助于她关注自己究竟感觉如何，更加清楚怎么使她的生活更美好。

> 倾听是一种心灵的态度，一种真正与别人一起的渴望，它既能吸引人又有疗伤功效。——杰·易思海姆

如果我们用语言表达同理心时，通常以非暴力沟通的四个步骤作为指导——观察、感受、需要和请求——这一次是以问题的形式出现：

观察：在你考虑自己花在这个问题上的时间时。
感受：你觉得很泄气吗？
需要：因为你想现在就知道解决问题的方法吗？
请求：你想听一下我的一些想法吗？
　　　大部分情况下，我们给予理解的反馈只是猜测别人的感受和需要。通过观察和使用长颈鹿语言交谈，我们可以用同理心来理解以满足他人隐含的需要。
感受：你觉得很沮丧吗？
需要：希望这个更容易点？

如果没有同理心，我们的表达通常不能理解到他人：

建议：我认为你应该……
怜悯：太可怕了，她没有权利那样对你。
安慰：一切都会好的。
纠正：并没有那么难。
教育：你可以从中学习。
辩解：我并不想这样做，但是……
评价：如果你不是这么粗心大意……
修正：真正有助于你的是……
询问：你感觉怎么样？你什么时候开始感觉这样的？

高人一等：你应该听听我的故事……

打断：不用担心，没有那么糟糕。

讲故事：这让我想起……

同情：你这个可怜的人。

转换豺狗式语言为长颈鹿语言

豺狗式语言	长颈鹿式语言	为什么转换
我不能……	我不想，我不会 我选择不去 我还没学会怎样	承认选择的多样性
我觉得……	我想，我相信 我的观点是…… 在我看来是……	区分想法和感受
为什么？什么？ 探索性问题	你觉得…… 你希望…… 我想知道……	连接当下活生生的东西
是正确的、错误的、好的、坏的、聪明的、愚笨的。	我判断是…… 我认为是……	承认主观的观察和判断
它（你、他、她）让我很不高兴。 这让我很高兴。	我感到恶心。 我感到开心。	承认自己的感受
所有、总是、从来没有	给出具体的情况： 当……	承认自己知识的局限性，避免对情况妄下结论。

你在使用什么语言？

□长颈鹿式语言	□豺狗式语言
承认选择 我选择，我想，我能。 有很多种方式来满足需要。	**否认选择** 我不得不，我必须。 我不能。 只有一个办法。
认识到富足 如果我们分享的话是足够的。 每个人的需要都能被满足。 是你和我。	**看到稀缺性** 没有那么多。 我们不能够满足所有人的需要。 是你或者我。
观察和表达 我看到，我听到，我记得……	**评价和批评** 事情是这样的…… 你真是太…… 他很小气；她很没礼貌。
为自己的感受和需要负责 我感到……因为我需要……	**责备别人／自己** 我觉得……因为你……
问自己想要什么 这就是我想要的。 如果你愿意。	**提要求** 你必须…… 如果你不……
同理心倾听 你感到……？ 因为你需要……？	**不全面地听** 提议、训斥、建议、争论、纠正、分析

> 你想使用什么语言？

··把这些都结合起来考虑··

师生对话

以下师生对话是在课堂上使用长颈鹿语言沟通的一些例子，在这些对话中，充满了真诚和爱。这些对话是真实课堂对话的一个提炼，肯定不如真实的课堂对话生动自然，因为在现实生活中，我们会用到身体语言、面部表情、声调、适时沉默、幽默来增加交流的色调和意义。虽然如此，我们希望你在阅读这些对话的时候，能够感觉到如何使用非暴力沟通有意识地联结，构建起人与人之间的友爱，即使交流双方只有一个人了解非暴力沟通。

当教师第一次听说非暴力沟通的时候，经常会说他们没有时间进行这一类的对话。根据我们的经验，如果老师愿意花时间去耐心倾听学生的想法、了解学生的心理，表示关心他们的需求，这样就会减少一些学生的问题行为，也让老师省了不少精力。与此同时，老师和学生都可以更高效地利用时间，学生也能更投入地去学习。

什么值得我们学习？

一位六年级老师正在课堂上给学生讲解一个数学概念。有三个学生却在不停地交头接耳，说说笑笑。老师两次停下来，要求学生要认真听讲，但每次都是安静片刻又接着说话。因为受到干扰，老师讲不下去，对于不能让学生注意听讲觉得很沮丧。老师发现自己越来越生气,认为学生很"没礼貌"、"可恶"。她知道这种想法会让自己更加生气,更难与学生沟通。想起生气的潜在原因是有一些重要的需要没有得到满足,她把注意力集中到自己的内部,连接自己的需要。

老师,默默地对自己"出气":这太荒唐了。我受够这帮孩子了!他们就是想游手好闲……然后,安静地自我体恤——连接自己怒气背后潜藏的感受和需要:我现在感觉怎么样?我想让他们注意听讲但我感到泄气。我很生气因为我告诉自己他们"游手好闲",傲慢无礼……生气的背后,我看到,我感到挫败和伤心是因为我真的很想跟全班同学在同一个时间讲清楚这个概念。我真的是想跟他们沟通,而不是争吵。

现在接触到自己的感受、需要以及与学生沟通的渴望之后,她就转向学生跟他们讲明了自己的观察、感受和需要,然后向学生提出请求:

老师(表达):我已经提醒了你们两次,希望你们能够安静地听我讲解这个数学概念,但你们还在不停地在说话,我觉得很伤心、失望。我希望讲清楚这个概念,这一点需要你们配合才能够做到。我想知道你们愿意在接下来10分钟保持安静,让我讲完并看看你们学得怎么样吗?

学生1:这太枯燥了!

老师(试着理解学生,倾听学生的心声——猜测学生的感受和需要):你是不是有点烦躁,希望我们做点活跃的事情?

学生1:是的,我讨厌什么都不做,只是坐在那里听课。

老师：你是想让我知道当你希望活跃一点并参与更多课堂互动时，很难只是安静地坐在那里听课，是吗？

学生1：是的。

老师（发现学生1觉得老师认真听了自己的想法之后很放松，接着说）：我现在很困惑也很失望，因为我想把这个概念讲得生动有趣，跟大家更多互动，但是我还没找到好方法。我知道大家的学习习惯不同。有人能够安静地坐着听讲很长时间，而有的人却希望能够活跃点，借助一些材料并与别人讨论。有同学愿意告诉我我讲了什么吗？这样我就知道自己是不是讲清楚了？

学生4：你说我们每个人的学习方式不同，你想让我们能够用最有效的方式学习。

老师：谢谢。是的，我最高兴的事情就是看到大家都全心投入地学习。我想尽量把课上得生动有趣。

老师（转向另外两个学生）：你们现在也听得不耐烦了吗？

学生2：是啊，我都不明白为什么我们必须要学习这些东西？

学生3：是啊，我们从来都不会用这些东西。

老师（领会——猜测学生这些话背后潜在的感受和需要）：听起来你们也觉得很郁闷，因为你们不知道你们学这些内容有什么价值。

学生2：是啊，为什么花时间学一些你根本用不到的东西呢？

老师（领会——听到更多的需求）：你们想不想知道你们现在花费时间和精力学的内容可能在将来某个时间会有用吗？

学生2：想知道。

老师（感到三个学生听到自己这样讲之后态度都有所转变，同时也注意到他们在全神贯注地听自己讲话,就发表了自己的看法):我很高兴你们这样跟我讲。我看到了我没有跟大家讲清楚学习这个概念的价值。我是很想讲明白的,因为我不想让你们觉得自己在花费时间和精力学一些没用的东西。我现在想继续讨论对你们来说什么有价值这个重要的话题,稍后再接着回到数学上。你们愿意和我一起讨论吗?

老师(看到这几个学生点头之后,转向班级其他学生,想听听他们的理解):那么我想知道是否还有其他人也不清楚学习数学的价值呢?不清楚的请举一下手好吗?(她环顾四周……)看来,大概有一半的人都不清楚。另外一半呢?知道学习数学价值的同学愿意和其他同学分享一下你们所看到的价值吗?听完你们的发言之后,我想告诉你们为什么我觉得教你们数学知识有意义。

在随后的对话中,师生一起讨论他们老师所讲的数学课的价值。他们一起集思广益,想出来几种学习这个概念的不同办法。

在这个对话中,老师至少向学生传达了四个重要信息:我关心你们的感受和需要,我认识到、也重视班上同学们不同的学习方式和爱好,我想让你们知道你们所学东西的价值,我愿意花时间来探讨学习这个概念的价值。

"土霸王"

课间休息之后,一位老师听到一个三年级学生艾琳对另外一个学生大喊:"你是个土霸王。"

在过去,她可能只是提醒这个学生我们不能随便骂人,然后把那个被称为土霸王的学生请到办公室。但是这次,她知道自己的习惯性做法不能从根本上解决问题。事实上,她很确定这样只会让两个学生之间的关系更加紧张。她问艾琳能不能跟她谈几分钟。

老师(表达自己感受和需要):听到你说鲍勃"你真是个土霸王",我感到很伤心。因为我想让大家学会友好地沟通交流,避免用一些骂人的话。你能告诉我你听到我说了什么吗?

学生:你说我不应该那样说话。

老师:谢谢你告诉我你听到的内容。我还想告诉你一些其他的东西。我想让你知道我很难过,因为尊重别人对我来说很重要,而骂人让我觉得你对别人不尊重。现在你愿意告诉我你听到我说的内容吗?

学生:你想让我们不要骂人,因为这样对人不尊重。

老师:对,这就是我所想与你沟通的内容。我想让大家告诉对方自己的感受,有什么事情困扰自己,我们希望受到尊重,与人诚实相待。你也希望这样吧?

学生:鲍勃真的很坏。

老师(倾听艾琳的感受和需要):你很生气、很心烦是因为你希望能被友善地对待吗?

学生:是啊,他老是对我很坏。

老师:我想知道你说的"坏"是什么意思。你能告诉我鲍勃做的哪些事情让你觉得他很"坏"吗?

学生:他跟我说我不能跟其他孩子一起打球,说我年龄太小、人太笨,不能去打球。

老师（体会——猜测艾琳的感受和需要）：我想你同时还有其他的一些感受吧。我猜你很失望，因为你想打球。

学生：是的，我从来没玩过。

老师（想更加清楚地了解情况）：所以这种事情不只是今天发生这一次？

学生：很多次，都是鲍勃不让我玩。

老师：嗯……我想你肯定很难过，甚至很泄气吧，觉得自己是不是都没机会玩那个游戏了？

学生（大哭）：是啊，我也想玩……我打得很好啊。

老师：那你是不是很不理解为什么自己没机会玩啊？

学生：是啊，我想知道为什么他不喜欢我，我不想让他再骂我。

老师：我听到你很伤心难过，因为你希望别人对你也能真诚相待，告诉你究竟是怎么回事，而不是骂你。

学生（突然站得笔直）：是的，我希望他能跟我谈谈。

老师：我在想你是不是愿意见一下鲍勃，告诉他你的感受以及你想要做什么？

学生：你能跟我一起去吗？

老师：是不是我在那里你会觉得更自在一些？

学生：是啊。

老师：我愿意去。

在这个对话中，艾琳从老师那里得到充分的理解，弄清楚了自己的感受和需要，这也有助于她随后清楚地向鲍勃表达这些感受和需要。老师帮助鲍勃反馈了他听到艾琳所说的话。随后表达了学生之间相互尊重、友好沟通对自己来说有多重要。鲍勃好像听进去这些了，尽管他大部分时间都保持沉默，而且看起来很痛苦的样子。

在随后与老师的谈话中，鲍勃说自从妹妹出生后，家庭情况的变化使自己感觉很痛苦，也很生气。通过此事。鲍勃发现他可以通过聊天而不是攻击来获得理解，以此宽慰自己的痛苦。

来自"不"的礼物

玛丽安·高瑟林是一位在瑞典斯德哥尔摩的斯卡普奈克公立学校任教的老师，她讲了这样一个故事：

在我们学校，家长、教师和学生都要为学校的建筑和场地维护承担一定的责任。学生组成小组照料学校的不同片区。多年来，我看着学生这样不亦乐乎地参与到学校的日常生活中，自己也觉得很高兴。

开学不久，学生们一致同意每天他们自己摆放午餐桌。这项活动对他们来说好像很有趣，所以有一天听到一个新来的学生，一个八岁的男孩大喊："不管你说什么我都不会摆桌子的！"我有点吃惊。

我知道，在很多学校里，他这样强烈表达抵触情绪将会不受欢迎。他可能会被告知"在这里大家都要做事，你也不能例外"这样的话。他也可能很快被贴上"难管理"、"被宠坏了"等标签。我能理解大家为什么会很容易想到这些评价。

因为那时我正在练习使用非暴力沟通，当学生对我的某个请求说"不"时，我就很好奇、很感兴趣。我学着去认识在每个"不"的后面都有更重要的事情会让他们说"是"。我真的想知道对他们来说什么"是"如此重要。在这种情况下，我感到这根本就不是一时

不想摆桌子的事情，肯定有更重要的事情。

老师：我想知道你究竟怎么了。是不是因为他们当时决定摆餐桌的时候没有让你参与，所以现在让你摆桌子你就不高兴了？

学生：不是！

老师：（继续猜测他的感受和需要）：你很生气是因为你现在想自由选择要不要帮忙摆桌子吗？

学生（提高声音大喊）：不是！不管你说什么我都不会摆桌子的，我也不想听你说！

然后这个学生就跑开了，躲在另外一个房间。我跟上他，坐在他旁边，沉默了一会儿。他开始低声啜泣。我的直觉告诉我，要了解他在以前的学校摆午餐桌子的经历。

老师：你愿意告诉我一些事情吗，帮助我理解是什么妨碍了你摆餐桌？

学生继续啜泣。

老师：我想是不是你在其他学校摆餐桌的经历，让你很难喜欢摆餐桌了？

学生（扑到我的怀抱里大哭）：在我以前的学校，摆餐桌是一种惩罚，而我因为老是迟到，所以得经常摆餐桌。

老师：哦……怪不得这事对你来说不好玩。谢谢你告诉我这些。真遗憾你的老师不能找到其他办法督促你准时上课。

学生：我去年几乎每天都要摆桌子。

老师（听完这些觉得又感动又难过）：我现在明白为什么你不喜欢摆餐桌了……我们会一起想办法的……你愿意和其他组员一

起讨论这件事吗？我们看看他们是不是愿意支持你，等你觉得摆餐桌有趣后再参加这个活动。

学生：我觉得他们不会同意这个建议的。

老师：我相信你如果把刚才跟我讲的这些告诉他们后，同学们会理解的。我会帮助你的，你愿意这么做吗？

学生：或许吧。

听到我的建议，学生有些吃惊和犹豫，后来他答应在我的帮助下和同学们谈一下试试。

在班上，他跟同学们讲了自己的故事，然后说如果同学们答应让他喜欢上摆餐桌之后再参加这个活动的话请举手。当他看到全班只有两个同学没有举手——其中一个是他的妹妹——他感到无比的喜悦和轻松。第二天早上，他在课堂上举手说要和大家分享一些事情。他微笑着说："我想让大家知道，昨天看到你们举手，真的觉得很开心。"这是发生在周二的事情，而在周五的时候他就过来问，是不是可以和大家一起摆餐桌。

30 分钟的力量

克利夫兰地区的一个小学校长，在参加了为期一天的介绍非暴力沟通的工作坊后，决定让全校师生都来学习这些技巧。于是，她组织全校老师进行了为期三天的强化培训。

一位小学二年级的老师，在接受培训后重新回到课堂，发现孩子们躁动不安，于是她把课暂时停下来，想听听同学们怎么说。

老师：今天你们好像很难安静下来学习，怎么了？

学生1：我不知道，在学校没有意思了。

老师：有什么变化吗？

学生2：代课老师很不好，她都不知道我们的名字！

老师：所以在过去的三天里你们都不喜欢代课老师上课？

学生3：一点都不喜欢，她把什么都改了！

老师：你们是不是很心烦，想让我知道你们想念以前的惯例？

学生3：是啊！你为什么把我们丢下自己走了？你离开这么长时间啊！

老师：所以你们也想念我，想知道我过去三天去了哪里，是吗？

所有学生：是的！

老师：我去参加一个课程，学习我们应该怎样说话，使大家都很舒服同时也能避免麻烦。想让我教给你们怎么做到这些吗？

得到孩子们同意后，老师用了30分钟教给学生她在过去三天学的非暴力沟通技巧。

大家都知道班上有一个男孩子，在他想要学习的时候有人走近他或者跟他说话，他就很容易生气。他通常的反应是大喊大叫或者推搡别人。这种情况每天至少发生一两次。

30分钟的非暴力沟通介绍之后，一个孩子走到这个男孩面前，开始跟他讲话。这个男孩第一次没有像往常那样推开同学，他表现出截然不同的态度。他快步走到电脑前，打出一句话然后大声地读出来："在我学习的时候你走近我，跟我说话，我会觉得很郁闷，我想有自己的私人空间和个人隐私。请您能不能让我独自待一会儿，直到我同意后再走过来?"

　　从那之后,班上的其他孩子都意识到,这个孩子需要自己的私人空间,他们要尊重他的这个需求。如果有人忘记了,他知道怎么样去提醒他们!

Section II
营造非暴力课堂的方法

Chapter 5

通过活动和游戏培养沟通技能

在这一章里，我们会介绍一些活动和游戏，它们是非暴力沟通的培训师、课堂上的老师和年轻人一起创造或者使用的，用来教授练习非暴力沟通技巧。

为了使学习更有趣，我们提出以下建议：

- 以邀请来玩的形式让学生参加这些活动。估计，只要孩子们听到的不是命令他们去玩，他们玩的兴致就会很高。
- 大部分活动是适合所有年龄阶段的孩子的，某些活动尤其受大家喜欢。如果你觉得没办法在你的学生中间开展某项活动的话，你可以先读一下这个活动的目标，看看能不能找到其他有趣的方法来达到这个目标。我们希望这能够启发你和学生一起创造出你们自己使用非暴力沟通的技巧。

让课堂更有趣，让学生更乐于学习的需要：

我们欢迎教师们提供更多有趣的活动，等本书再版的时候把这些活动加进去。我们邀请你把自己在教学过程中创造或者使用的非暴力沟通活动和游戏发给我们。我们收到这些礼物将不胜感激，并把它们纳入到《教室里的非暴力沟通》的新版本中来。

提供本章节活动和游戏的人员：

戴安娜·阿里格尼、玛瑟林·布洛格里、玛丽琳·菲德勒、吉莉安·弗洛比、帕姆啦·富乐、苏拉·哈特、丽塔·赫尔佐格、帕蒂·霍金森、路易斯·哈德逊、霍利·汉弗莱、殷巴尔·卡什坦、米基·卡什坦、伊丽莎白·科文、维多利亚·坎都·霍多森、玛琳·玛斯考尼可、丽芙·梦露、娜塔莎·莱斯、罗宾·罗斯、弗雷德·思莱。

关于反馈这些活动的问题：

- 关于这个活动，你喜欢的是什么？
- 你不喜欢的又是什么？
- 你在这个活动过程中有什么感受？
- 这个活动满足了你的什么需要？你有哪些需要没有得到满足？
- 这个活动是否帮助你了解自己、整个小组和这个世界？
- 你能把自己所学的应用于日常生活中吗？

构建沟通技巧的活动和游戏

观察

听！听！听！	108
这是观察吗？	110
漫步自然	114
侦探游戏	116
福饼	120

感受

感受之书	122
感受的叶子	124
三角情感	126
三个字	128
持有人起立 —— 七起	131

需求

百宝箱	134
需求拼贴画	136
让你感觉有趣的事	137
乐趣表	139
归属链	141

整体模式

配对游戏	143
故事	145

倾听

四只耳朵	147
你戴什么样的耳朵？	149
同理心角色扮演	153

生气

红色旗子	156
怒气在哪里？	158
怒气测量计	159
把怒气转化为感受和需要	161

日常生活中的长颈鹿语言

沟通管道	164
角色扮演	166
调停	168
共同创建规则	170
展示卡片	172
讨论会	176
长颈鹿式便条	178

主题：观察

标　　题：听！听！听！
目　　标：提高倾听技巧
活动类型：利用声音进行互动的活动
小组规模：整个班级
空间/时间：教室/10 分钟以上
材　　料：有节奏和声音的乐器，装满豆子的广口瓶或者录好的声音

程序：

* 展示一些节奏乐器或者其他乐器。让一个学生演奏每一样乐器，其他人闭上眼睛。学生们尽量猜测演奏的是哪一种乐器。如果他们猜得不准确，给他们提供一些线索帮助他们（例如：是个比较大的乐器，是管弦乐器。）但不用"正确"和"错误"一类的词语或者概念。

* 用手或者手指发出响亮的拍打声。让学生重复每次的拍打节奏。同学们自己也可以轮流做出一些拍打节奏，然后让其他同学重复。

* 声音瓶：在相同的有盖广口瓶里面装上不同量的豆子。把学生们的眼睛蒙上，然后让他们根据声音最低到最高/最高到最低的顺序排列瓶子。

* 分别播放一段学生熟悉的和不熟悉的声音，中间停下来让学生猜测每一段声音是什么。对学生的各种猜测都要表示欣赏，

而不要专注于"正确"的答案。
* 参观学校的某个具体的地点如操场一角等等。让孩子们闭上眼睛注意听。当他们回到教室里,让他们描述一下自己听到的东西。
* 学生们可以就他们所听到的声音写诗:
夏天的声音、秋天的声音、教室的声音、厨房的声音

主题：观察

标　　题：这是观察吗？
目　　标：区分观察和评价
活动类型：写作、分类、讨论、玩游戏
小组规模：最多 30 人，两人一组或者整个小组一起活动
空间/时间：两个人一组活动的桌子/30 分钟
材　　料：一个信封装 50 张纸条，每张纸条上面写一句话、透明胶或者胶水、一张灰色图画用纸(6″×18″)、一张彩色图画用纸(6″×18″)、一张白色图画用纸(6″×18″)

程序：

1. 回顾观察与评价的区别。
2. 把学生分成两人一组，在纸上写上标题：在灰色的上面写上"观察"，在彩色的上面写上"评价"，在白色的纸上写上"？"（用来表示学生不能确定的句子）。
3. 小组成员读每一张纸条上的那句话，讨论是观察还是评价，然后粘贴到指定的图画用纸上。
4. 所有小组完成之后，汇集到大组来，分享一下所学到的内容并讨论分类到"不确定"一栏的那些话。

演变：集中游戏

把一些纸条叠放在一起，用来玩集中游戏：把所有的纸条都面

朝下放好。第一个人翻开任何两个纸条。如果纸条上的话能够组成一组（两句都是观察或者都是评价），他就保留这些纸条，再接着翻另外两条。如果翻开的纸条不能组成一组，再把它们翻回去，面朝下。然后下一个人接着翻。

这是观察吗？——陈述句纸条

她给我一块饼干。	她很大方。
上次我们一起玩，结果我流血了。	你玩耍时太鲁莽了。
他叫我一起玩游戏。	他真的很友好。
他们把鼻子抵在窗户上。	他们的做法真傻。
她打了个嗝。	那很没礼貌。
你完成了10道数学题。	你学习真用功。
你坐着时伸开了双腿。	你占了太多地方了。
她在苹果上抹上芥末。	真让人受不了。
他这周读了两本书。	他很聪明。
你坐到我眼镜上了。现在眼镜碎了。	你这个白痴。
你撞到我了。	你真笨。
他把我推出了队伍。	他真是欺负人。
我叫你出来，你还待着里面。	你真不够哥们儿。
你吃了最后两块派。	你就是一头自私的猪。
她说我不能参加这个游戏。	真是让人讨厌。

这是观察吗？–陈述句纸条

他告诉老师我拿了他的铅笔。	他真是个搬弄是非的人。
我生病的时候她来看我了。	她是个好朋友。
我花了两个小时做家庭作业	我们作业太多了。
桌子上和地板上都有胶水。	你玩耍时太鲁莽。
她告诉我要用蓝色的油漆，不要用绿色的。	我们的老师很冷酷。
在我想写作的时候他不停地问我问题。	你总是把事情搞得一团糟。
我看到你把球踢到屋顶上，而老师问你的时候我却听到你说不是你踢的。	她总是说谎。
他说他不会去爬树的。	他总是偷听我。
当我想读书的时候听到你在说话。	你是个骗子。
我看到你拿起我的铅笔放到你的桌子上了。	你真烦人。
他们说他们的俱乐部不再接收新成员了。	你这个小偷，又偷我的铅笔。
听到我们说不想玩足球游戏她就走开了。	他们觉得自己很酷。
当我要你给我让道时，你没动。	你总是打扰我。
她踢了我的椅子一脚。	真没用！他就是个大孩子。
	她总是很任性。

主题：观察

标　　题：漫步自然
目　　标：提高观察的技巧
活动类型：在大自然中漫步、写作或者艺术创作
小组规模：整个班级
空间/时间：户外或者可以写作或绘画的地方/30分钟以上
材　　料：纸板、胶水、每个孩子一个小袋子

程序：

　第一种形式：

1. 漫步大自然。每个孩子都要收集地上的东西：树叶、小树枝、松果、小石块、果实等等。
2. 回来之后，孩子们选择一个物体，仔细观察，口头或者书面描述一下这个物体。（年龄小的孩子口头完成，年龄大的或者成年人可以书面完成。）
3. 孩子可以把一个或者多个物体粘在纸板上并在这个物体下面附上对该物体的描述。

　第二种形式：

1. 学生两人一组漫步大自然。
2. 一个学生闭上眼睛，听另一个同伴描述某一棵树、灌木丛、植物、一片云等可以看到的东西。
3. 然后第一个学生睁开眼睛辨别刚才他的伙伴描述的是什么东西。

演变和延伸：

孩子们选择一个物体，对该物体进行速写或者绘画，然后根据该物体创作一个故事。

主题：观察

标　　题：侦探游戏
目　　标：区分观察和评价
活动类型：互动游戏
小组规模：6~20人
空间/时间：教室/30~60分钟
材　　料：做20张教学卡，10张上面是评价（标注"评"），10张是对应的观察（标注"观"）

程序：

1. 每两张卡片一组，用不同编号的卡片组成一套卡片，并保证每个学生都有一张。
2. 打乱卡片的顺序，发给每个学生一张。
3. 一个拿着"评价"卡片的学生大声读出这个评价。
4. 如果有学生的"观察"卡片刚好对应前面读到的"评价"，该学生要大声地读出自己卡片上面的内容。
5. 所有人都读完自己的卡片之后，卡片上面的内容对应的两个人组成一组。

演变与延伸：

- 每人拿一张卡片走到房间标有"观察"的一角或者标有"评价"的一角。然后找到自己的伙伴。

营造非暴力课堂的方法

- 每个人拿一张卡片,然后整组人混杂在一起直到每个学生都找到自己的伙伴。
- 两人组成一组之后,他们一起想出新的表达观察和评价的句子,做一些新的卡片,以备为将来游戏使用。
- 年纪小一点孩子的卡片上的词汇可以用"事实"和"观点"而不是"观察"和"评价"。
- 这个活动可以用来为其他类型的活动进行分组。

侦查教学卡

你的试卷一团糟。	你试卷上有一些洞和污渍。	那个主意很差劲。	我有另外一个主意。
他们的行为真傻。	他们正在地板上滚来滚去。	她很爱多管闲事。	她问我昨天做了什么事。
他是个好学生。	他在其他学生之前完成了作业。	他们很讨厌。	他们说我没份参加。
她突然发作。	她一拳打在椅子上。	他不顾别人的感受。	他排队的时候经常插队。
我读了一本很厚的书。	我读了一本173页的书。	她很贪婪。	她把最后三片比萨拿走了。
他是一个搬弄是非的人。	他告诉老师我骂了他。	他是个天才。	他在我之前解出了那道数学题。
你很亢奋。	你在椅子上前仰后合,椅子都倾斜了。	她是个独断专行的人。	她说我必须甩跳绳。
她人很好。	她邀请我参加她的生日派对。	他们觉得自己很了不起。	他们说我不能坐在他们那一桌。

侦查教学卡

那真是太恶心人了。	他在汤里放咸菜。	真是个淘气鬼。	他拿了球扔到大街上。
这个电影太可怕了。	我不喜欢这部电影。	你真是老师的宠儿啊。	老师让你跟大家分享一些有趣的事。
他很没有礼貌。	他没有问就拿了我的滑板。		
博拉很讨厌。	博拉说我很笨。		
她喜欢搬弄是非。	她把我告诉她的内容讲给别人听。		
他只是想吸引别人的注意力。	他穿足球服去上学。		
她总是爱炫耀。	她在上课的时候梳头。		
他总是爱炫耀。	他把头发染成紫色和绿色。		

主题：观察

标　　题：福饼
目　　标：区分观察和评价
活动类型：游戏
小组规模：5~15 人
空间/时间：教室/20 分钟
材　　料：福饼：褐色纸质正方形或者圆形，3~4 英寸大小（每个学生 5~10 个），一个表格分成三列，每一列的标题：签语、观察、评价

程序：

1. 给每个学生一个福饼。让他们一个接一个打开这个福饼，读出里面的签语。问学生是真的签语还是观察或者评价。在学生们大嚼饼干的时候把签语上的内容归类，记入相应的记事牌栏目里。

2. 当所有的学生都读完他们的"签语"之后，每个人把自己的"签语"（签语、观察、评价）写下来。这些可以写在一个 3~4 英寸的圆形或者方形的褐色纸片上，然后把这张纸折叠两次，折成一个福饼的样子。你可以让年龄稍大的学生在图表的每一个分类上写一句话。

3. 把这些"饼干"放到一个大碗里，一个接一个地，每人选一个饼干，大声读出饼干上的话并说出是签语、观察还是评价。

其他同学给出反馈意见之后，学生把这张纸粘在记事牌相应的栏目里。

主题：感受

标　　题：感受之书
目　　标：认识到每个人都有自己的感受，对同一件事我们可能会有不同的感受。
活动类型：写作和绘画
小组规模：随意
空间/时间：供画画用的桌子或者其他地方/20 分钟以上
材　　料：能够组成书页的纸张、铅笔、钢笔或者画笔、用作书的封面的材料（图画用纸、马尼拉文件夹、包装纸、墙纸）

程序：

1. 把学生分成大组或者小组，让他们回顾一下自己觉得害怕的时候。为激发学生讨论，你可以给他们读一个故事或者举一些例子来引发他们的感受。
2. 让每个孩子画一幅画来说明自己的心情。
3. 编成一本班级之书，书名就叫"当……的时候我感到很害怕"。

演变与延伸：

1. 另外再编一些书：《当_____的时候我感到内心平静》，《当_____的时候我感到很沮丧》，《当_____的时候我感到很好

奇》。

2. 把学生组成一个大组，让他们自己决定想要说明什么感受和情景。把所有描述的情景编入班级之书，书名就叫作《我们都有感受》。

主题：感受和需要

标　　题：感受的叶子
目　　标：了解感受和需要之间的联系：感受是因为我们的需要得到或者没有得到满足而引起的
活动类型：艺术创作
小组规模：5~30人
空间/时间：教室/30分钟
材　　料：绿色的方纸用来做树叶，一个大的海报上面有两棵大树，每棵树都有很多条光树枝。一棵树的树枝向上，当需要得到满足就在这些树枝上做标记，另外一棵树的树枝向下，当需要没有得到满足的时候就在这些树枝上做标记

程序：

1. 在活动开始之前介绍一下普遍需要的概念，列出一个需要清单。（参考第四章的需要清单）
2. 问"感受从何而来？"然后听听学生们的答案。
3. 提示我们所有的感受都是源于自己的需要。有些感受是因为需要得到满足而产生。（"当你饥饿想吃东西、玩耍、学习新知识的需要得到满足的时候，你的感受是什么？"）而如果我们的需要得不到满足我们又会有另外一些感受。（"当你想要休息、尊重和交朋友的需要得不到满足的时候，你感觉怎

么样？")

4. 每个学生都把一片绿色的纸对半折叠，然后把边缘撕掉做成一个叶子的形状。让他们在叶子上写上一个表示感受的词。(你也可以事先剪好叶子，写上一些表达感受的词语。) 学生轮流把叶子粘在相应的树上。(注意：一些表达感受的词语如"惊讶"可以贴在任何一棵树上。)

主题：感受

标　　题：三角情感
目　　标：理解人们对于同样的情况会有不同的情感反应
活动类型：运动
小组规模：随意
空间/时间：可以到处走动的地方/20 分钟以上
材　　料：三个大的标识牌，分别写着生气、恐惧、痛苦

程序：

1. 把这三个标识牌大致呈三角形摆在房间里，每个上面写一个单词，分别是：生气、害怕（恐惧）、痛苦（伤心）。

2. 读出一句话，指导学生体会自己听到这句话之后的感受最贴近三角形里哪个标识牌，让他走到相应的标识牌那里。如果他们觉得自己在这三种感受里的某一种感受最强烈，那么就走到对应的那个角落。如果他们觉得自己同时夹杂着不同感受，那就可以走到一个代表这种混合感受的地方。如果三角形内的任何一种感受都不符合他们，可以走出这个三角形。

3. 每次读一句话，直到大家兴趣减弱。然后讨论：关于这个游戏你注意到了什么？
看着人们走向房间里的不同角落你有什么感受？
让别人知道你在这些情况下的感受，你觉得怎么样？
你学到了什么东西？

描述语句（可以根据自己的班级情况调整）：

1. 你的一个同学在班上说你"愚蠢"。
2. 你看到一个大孩子在推一个小孩子。
3. 你听到有人在班上开一个同学的玩笑。
4. 你的数学作业做错了很多。
5. 你想和某个人一起玩耍，但是她却说不想跟你玩。
6. 你摔倒了，扯破了自己的新衬衫。
7. 你最好的朋友告诉你他不想跟你做朋友了。
8. 你已经接连两天上学迟到了。
9. 你的朋友说她放学后会打电话给你，但是却没打。
10. 你妈妈说会来接你，但是已经过了约定的时间半个小时她还没来。

摘自非暴力沟通中心《单元练习》，2002，Inbal Kashtan，Miki Kashtan 和非暴力沟通中心。

主题：感受

标　　　题：三个字
目　　　标：把自己不能掌控的感受（责备）转化为可以掌控的感受
活动类型：示范、讨论
小组规模：整个班级
空间/时间：围成一个圆圈，这样大家可以互相看到对方/15分钟以上
材　　　料：实心橡皮球、木板、橡皮擦、花生和石榴

程序：

讨论"可以掌控的"和"不能掌控的"这两个概念的感受。如果我们能够认识自己的感受，并能为自己的感受负责，我们就"掌控"了自己的感受。如果我们要别人为我们的感受承担责任，那么我们就不能"掌控"它。如果学生能够明白或者感觉到"不能掌控"的感受使自己精疲力竭，而选择为自己的感受负责的话，那么就能开启一个清晰、诚实、认真负责的新世界。一旦我们开始说别人"让我觉得"，我们就放弃了自己的权利。我们可以收回自己的权利，掌控自己的感受，只要我们开始使用三个字"我感到＿＿"。

示范：

老师拿起一个实心橡皮球来示范：

"有时候最常见的事物背后都会隐藏着一些东西。你们觉得这个球里面隐藏着什么东西呢？"

用木板和橡皮擦重复示范。

"这个石榴呢？花生呢？"

打开一个花生，给学生看它的内部。

"在打开之前我们能看到里面有什么吗？不能。这是因为它'隐藏'在里面。有时候话语能隐藏东西。我们怎么能够打开话语看看里面有什么？让我们看看这两个字'让我'。

"有人能够用这个词造句吗？现在看看我这样对你说话你感受如何：你让我很心烦。你让我很困惑。你让我很担忧。有谁注意到我说这些时候的内心感受了吗？你觉得发生什么事了？你们听到我这样说会不会觉得我在责备你们呢？

"如果我觉得很困惑，你会喜欢听到我说你让我很困惑吗？你觉得我意在责备你还是告诉你我的内心想法？这两个字'让我'在哪一点像这颗花生？

"如果我觉得很心烦，你是倾向于我说你让我觉得心烦，还是想让我掌控自己的感受，不去暗示任何的责备，直接说我觉得心烦？"

为了更加清楚，再多说一些表示责备的话语，然后让学生们把这些话语转化为表达感受的陈述。

例子："如果我说出责备的话语，你让我很紧张，怎么样才可以用五个字把这些改成我自己的感受？"（转化：我感到紧张。）

再来看一些例子：

  他们让我很尴尬。（转化：我感到尴尬。）

  他让我很愤怒。（转化：我感到愤怒。）

  她让我很生气。（转化：我感到生气。）

  这让我很担心。（转化：我感到担心。）

演变与延伸：

- 增加一些你的愿望：我感到很紧张；我希望自己能够放松。
- 稍作改变，可以把这个短语改成你让我很尴尬。(转化成：我感到很尴尬。)
- 转换一下情况。两人一组，然后让别人对你说：你让我觉得紧张。猜测一下他们的感受：你们觉得紧张吗？

摘自《感受、希望、需要、请求：增强关心和社区感的游戏和活动全书》，作者霍利·汉弗莱，Soaring Spirit Press。

主题：感受

标　　　题：持有人起立——七起
目　　　标：把表达责备的话转化为表达感受的话
活动类型：游戏（根据"抬头，七起游戏"改编）
小组规模：整个班级
空间/时间：教室，同学们坐在课桌旁/20 分钟以上
材　　　料：铅笔或者钢笔，卡片夹、索引卡片、图画用纸（如果可以请使用层压纸）

准备：

复习一下"可以掌控"的感受以及相对应的"不能掌控"的感受这两个概念。看一下标题为"三个字"的活动。再举几个例子，保证大家对这个概念都很清楚。

把下列短语抄到卡片上。

1. 那让我如此
2. 你让我如此
3. 他们让我如此
4. 它让我如此
5. 她让我如此
6. 他让我如此
7. 那让我感到
8. 你让我感到

9. 他们让我感到

10. 它让我感到

11. 她让我感到

12. 他让我感到

13. 当……那让我感到很受伤

14. 当……他伤害了我的感情

15. 当……他们伤害了我

16. 你伤害了我的感情

程序：

1. 让学生坐在桌子旁，低着头看不到任何人。他们举起大拇指让别人来选。

2. 选7个人作为"一个整体"，成为"七起"。

3. "七起"小组中的每一个人选一张卡片，然后在教室里走动并决定把卡片给哪个人。当他们把卡片放在某个人的座位上的时候，就轻轻地把那个人的大拇指按下。大拇指按下的人现在就是潜在的"持有人"了。

4. 指定的一个人说"持有人起立，七起。"这就意味着七起小组成员要站立在教室前面，而持有人在桌子旁站起来。每次一名持有人站起来读出他们卡片上的句子，并把这些句子转化为自己表达感受的句子，然后猜测是谁给他们的卡片。

如果猜得正确，他们就成为七起小组的一员，参加下次的游戏，而给他们卡片的人则坐下。如果他们猜得不正确，被猜的那个人只

营造非暴力课堂的方法

是简单地说"不是我",真正给卡片的人不会被暴露,能够接着作为七起小组成员参加下一轮活动。

摘自霍利汉弗莱所著教材中的练习。

主题：需求

标　　题：百宝箱
目　　标：识别并认识到价值和需要的重要性
活动类型：艺术创作、写作
　　　　　小组规模：5~15人
空间/时间：教室/30分钟
材　　料：切割成珠宝形状的彩纸、每个孩子一个信封（作为百宝箱）、艺术创作所需要的材料，比如胶水、荧光剂、钢笔、金属片

程序：

1. 问全班同学他们什么时候最兴奋、最开心或者最满意，从而引入介绍这个活动。把同学们的答案写在黑板上。为激发学生思考，可以问他们在与别人的关系中最重视什么，包括在自己身上、别人身上、在大自然、在学校、家里、空闲时间以及生活中。
2. 启发学生思考，在生活中，我们的需求和价值观就像珠宝一样珍贵。
3. 让他们在"珠宝"上写上他们最重视的东西。
4. 给每个学生一个信封，让他们把这个信封装饰成百宝箱，用来装他们的珠宝。
5. 分成一大组或者小组讨论，让志愿者分享他们的珠宝。

6. 另外一个选项：调查全班的共同需求和价值观，这些是大家都认为重要的东西。然后做一个班级珠宝展。

主题：需求

标　　题：需求拼贴画
目　　标：培养从需求层面进行思考的习惯
活动类型：艺术创作、写作
小组规模：整个班级，分成两人一组或者几人一个小组
空间/时间：可以用来在上面做事的桌子/30分钟以上
材　　料：杂志、剪刀、胶水、记号笔、彩色蜡笔、每组一张大的图表纸

程序：

1. 回顾需求表（请参阅第四章）
2. 两人一组或者几人一组，找到并剪下杂志上描述一个人需求得到满足和没有得到满足的图片。
3. 每一组把他们的图表分成两半，一边写上"满足了的需要"，另一边写上"未满足的需要"。
4. 学生把他们的图画贴在图表相应的栏目里，并在每个图画下面写上具体的需要。（另一种选择：学生可以想象在一幅图画里既有满足的需要，也有未满足的需要，并做拼贴画来代表这两种情况。）
5. 每个小组完成了自己的拼贴画之后，可以和班上其他人分享。

演变和延伸：

学生可以把自己的拼贴画组成一个大的班级拼贴画。

主题：需求

标　　题：让你感觉有趣的事
目　　标：明白我们可以用很多种方法满足我们对乐趣的需要
活动的类型：写作、讨论、画画
小 组 规 模：整个班级
空间/时间：可以调整
材　　料：杂志、铅笔或者钢笔

程序：

用于写作、讨论和画画的问题：

1. 以下各种情况：单独一个人时；不到一分钟时间内；不花钱；下雨天在室内。你会做一件什么事去满足自己对乐趣的需要？
2. 你今天做了什么事情来满足自己对乐趣的需要？
3. 你小时候为了寻求乐趣做过什么事情？
4. 你在假期的时候为了乐趣想做哪件事情？
5. 学习对你来说什么时候最有趣？
6. 你在学校里最大的乐趣是什么？
7. 如果乐趣是一种颜色，你觉得应该是什么颜色？
8. 在自己的小组内找一个人，这个人觉得做某件事情很有趣而你却没有做过这件事。
9. 为什么知道很多种办法让自己快乐对你来说很有帮助？
10. 当你乐趣的需要得到满足的时候，你感觉怎么样？

11. 如果你乐趣的需要没有得到满足，你感觉怎么样？
12. 你怎么知道自己何时需要乐趣？
13. 讲述一下某人的娱乐方式让你和其他人觉得很难受的一次经过。
14. 你在娱乐的时候遭到过别人的阻止吗？你觉得他们阻止你是出于什么需要？
15. 你是否曾经使别人的生活更有趣？你做了什么事情呢？

主题：需求

标　　题：乐趣表
目　　标：了解人们怎么用不同的方法满足相同的需求
活动类型：小组讨论
小组规模：整个班级
空间/时间：小组可以一起活动的房间/20分钟以上
材　　料：发给学生一张纸，上面分为两个栏目，一栏的标题是"我们组的所有人都喜欢做这件事"，另外一栏是"我们组的有些人喜欢做这件事"；海报大小的需求表

程序：

1. 展示一份需求表。（参阅第四章）讨论我们对乐趣的需要。

2. 向全班同学示范：三个志愿者围坐成一圈。说一些满足自己乐趣需要的方法，然后问其他人的意见，例如，我满足自己乐趣需要的方式是游泳，你是否也喜欢游泳呢？如果你们小组的所有人都说'是'，那么就在"我们组的所有人都喜欢做这件事"一栏里写上"游泳"。如果有人说不，那就把"游泳"写在"我们组的有些人喜欢做这件事"一栏里，然后把这张纸递给你身边的人。他会说一些对他来说很有趣的事情，然后重复这个过程。

3. 把学生分成3~5人的小组，让他们按照你的示范填写自己的表格。（注意：让他们想想自己能够娱乐但不会给别人带来麻烦的方法)。
4. 再组成一个大组，让大家分享自己在这个活动中注意到了什么，学到了什么。

其他讨论法：

- 说这样一句话："我们都有相同的基本需要。但是，我们每个人为满足这些需要所选择的方式是不同的。"让学生分小组举例子。
- 让学生坐在与自己同一个小组的同学身边，围成一个圈子，在圈子里传递一个"讨论物"，邀请每个学生讨论一下他参与这个活动的一个发现。
- 在黑板上写"我们都有对乐趣的需要，但是我们用不同方式来满足这种需要"。问学生是否同意这句话。让他们从自己小组里寻找例子支持自己的答案。
- 用维恩图（相互重合的圆圈）来表现学生希望用来满足自己乐趣需要的方式。

> 主题：需求

标　　题：归属链
目　　标：领会我们满足自己归属感需要的多种方法
活动类型：讨论、写作、艺术创作
小组规模：整个班级
空间/时间：教室/不间断进行的项目
材　　料：大的需要词汇表海报，多种颜色的纸条（1″×9″）若干，每个学生一个标准信封、胶水、胶带或者订书机

程序：

1. 参考基本需要词汇表海报，回顾对归属感的需要。
2. 围成一圈坐下，传递一个"讨论物"，每个学生都有机会分享满足归属感需要的一种方法。指出围成一圈分享交流是满足这种需要的一个方式。
3. 让学生在每张纸条上写出一种满足归属感需要的方法。在每张纸条的两端留半英寸的空白，这样这些纸条粘连起来组成链条的时候就不会遮挡字。
4. 提出或者贴出下列建议：

- 写出一个朋友的名字以及你们一起所做的事情。
- 写出一个朋友的名字，画出你们一起所做的事情。
- 描述一个你参加的小组。
- 写出你在学校为了跟别人交往做什么事。

- 写出别人为了满足你的归属感需要而帮你做的一件小事。例如，她挪出了一个空间，让我加入到这个活动圈子。
- 写出你为帮助别人满足他的归属感需要而做的事情。

5. 把这些纸条分别装在不同的信封里，或者装在一个班级的大信封里，等你准备好了就把它们连成一个归属链。
6. 每天放学前，留出时间回顾一下学生当天做的哪些事情有助于满足他们归属感的需要。把这些想法都写在纸条上，连在一起，存放在一个信封里，最后再收集整理整个归属链。
7. 收集多张纸条之后，把它们连在一起，挂在教室里。
8. 庆祝大家的共同努力形成了归属链，从而满足了归属感的需要。

主题：整体模式

标　　题：配对游戏

目　　标：将沟通中的难题转化成非暴力沟通表达方式

活动类型：写作与互动

小组规模：至少8人

时　　间：第一天做出陈述，第二天做游戏。

材　　料：纸、铅笔。用来写一些非暴力沟通常用的语句，非暴力沟通一般包括四个步骤，每一个步骤单独写在一个索引卡上

例子　　（每张卡片写上一个步骤）

观察　　你什么时候说"不"

感受　　我觉得很困惑

需要　　我想要理解

请求　　你能告诉我为什么说"不"吗？

确保每个学生能有一张卡片，每张卡片上都有一句话。

程序：

1. 学生们说出自己所遇到的沟通难题，包括当时的基本语境和情况。

2. 针对这些情况，老师或者学生自愿组成小组思考对策，把它们转换为非暴力沟通的陈述（利用四步骤：观察、感受、需要、请求），并把每一步写在不同的卡片上。

3. 打乱这些卡片的顺序，让每个学生抽出一张卡。学生在教室里走动，寻找哪些同学拿着的卡片与自己卡片上描述的是同一个情况的其他三个步骤。
4. 当一个组的四个成员全部找到之后，每个成员就把他的四个步骤读给整个小组的成员听。

主题：整体模式

标　　题：故事
目　　标：培养观察和猜测感受、需要和请求的技能
活动类型：班级讨论
小组规模：整个班级，分成大组或者小组
空间/时间：随意
材　　料：适龄人群的照片或者插图。一本画册，比如《懒人启蒙指南》或者从杂志上选择一些照片
准　　备：对于观察、感受、需要和请求四要素先进行熟悉

程序：

学生观看一幅照片并回答问题。

观察：

你看到发生了什么？

你怎么知道是发生这件事？

摄影机能录下你所描述的事情吗？

感受：

这个人或者这些人的感受可能是什么？

你在这种情况下可能会有什么样的感受？

需要：

你认为这幅画中的人有什么样的需要？

他们还需要什么？

你在这种情况下会需要什么？

请求：

你觉得图画中的这个人会有什么样的请求？

为了做出这个请求，这个人会说什么？

演变与延伸：

1. 在卡片上写出问题的答案，并把他们贴在照片的下面，用公告牌展示出来。

2. 小组活动：每个组选择一幅画，就这幅画写或者讲一个故事，回答问题，之前发生了什么事？现在正在发生什么事？把故事的剩余部分写完，这样能够确认一些被满足的需要。

3. 根据照片的启发做一些书面或口头记录，就好像你是照片中的某个人物。指出这个人的感受和需要以及怎样满足这些需要。故事的标题可以是："猜猜我今天遇到了什么事？"或者"我怎么解决了这个问题。"

4. 用文学作品代替图片做同样的活动：跟学生讨论文学作品中的人物，识别他们的感受和需要以及他们为满足这些需要所采取的办法。

主题：倾听

标　　题：四只耳朵

目　　标：增加如何倾听信息的选择

区分听到的是豺狗信息还是长颈鹿信息。

活动类型：角色扮演

小组规模：4~12人（如果是多于12个人，请分成两个小组）

空间/时间：整个小组能围成一圈坐下的地方/20分钟以上

材　　料：一个豺狗玩偶、两对长颈鹿耳朵、两对豺狗耳朵——纸耳朵或者用手势做耳朵形状都可以。手放在头上，掌心向前代表豺狗耳朵向外，掌心向后代表豺狼耳朵向内；手放在心口，掌心向前代表长颈鹿耳朵向外，掌心向后代表长颈鹿耳朵向内

程序：

1. 解释四个区别：豺狗耳朵向前代表责备外部世界，向后代表责备自己。长颈鹿耳朵向前代表体会他人的痛苦，向后代表体会自己的痛苦。
2. 通过问学生"某人在过去对你说过什么不中听的话吗？"来示范这个练习。

用耳朵形状来做出四种不同的回应。

例子：一个学生说"你穿的衬衫真难看"。

用豺狗耳朵向后回应（自我批评）：

"我真不应该穿这件衬衫，我的品味真差。"

用豺狗耳朵向前回应（批评他人）：

"你的品味真糟糕！"

用长颈鹿耳朵向后回应（自我体会）：

"我觉得很生气，因为我想要别人尊重我的选择。"

用长颈鹿耳朵向后回应（体会他人）：

"你不高兴是不是因为你喜欢其他款式的衣服？"

演变：

1. 在学生围坐的圈里，平均分配四对"耳朵"（两对长颈鹿，两对豺狗）。
2. 拿住豺狗玩偶的那个人说一句难听的话，比如"你的答案是错误的"。
3. 学生们根据自己所戴的耳朵类型以及耳朵朝向对这句话做出回应。
4. 问一下其他学生是否同意以上同学所做出的回应："这听起来像豺狗回答还是长颈鹿回答？"
5. 所有四个学生做出回应之后，让他们把耳朵向左传递下去，给另外四个学生同样的机会回应问题。拿着豺狗玩偶的学生把它传向他左边的那个人，然后那个同学再说出一句难听的话。

其他选择：除了难听的话之外，也可以说一些有趣的话，也可以讲一个简单说"不"的场景。

主题：倾听

标　　题： 你戴什么样的耳朵？
目　　标： 体验更多倾听的选择
活动类型： 根据剧本扮演角色
小组规模： 随意调整
空间/时间： 能够围成一圈坐的地方/30分钟
材　　料： 长颈鹿耳朵和豺狗耳朵，你可以订购一些耳朵也可以用手势来表示耳朵：手放在头上，掌心向前或者向后代表豺狗。手放在胸口，掌心向前或者向后代表长颈鹿。五种颜色的纸（红色、绿色、蓝色、紫色、黄色），切割成条状，每条上面写上一句话（参看下一页）

程序：

1. 发给每个学生一张纸条。
2. 从"红色系列"开始，让拿红色纸条的人先大声读出纸条上的话。
3. 让拿着标记有"红色回应1"的人大声读出他纸条上的话。
4. 告诉学生每一个纸条上的回应要么是豺狗式倾听，要么是长颈鹿式倾听。让所有参与者把手放在头上或者放在胸口，来表达他们认为是豺狗式倾听还是长颈鹿式倾听。（豺狗耳朵向外是责备外部世界，向内是责备自己。长颈鹿耳朵向外是体会别人的痛苦，向内是体会自己的痛苦。）

5. 看到其他同学的回应之后，或者经过一番讨论得出结论之后，根据自己读出的回应戴上相应的耳朵。
6. 继续让拿着"红色回应2"纸条的人大声读出他纸条上的那句话，然后问参与者他们听到了什么样的回答。读纸条的人戴上相应的耳朵。继续这个活动直到大家听完所有红色纸条上的回应。
7. 他用其他颜色的纸条重复这个活动。

你戴什么样的耳朵？脚本

红色纸条：

（红色纸条上的话）赶快！穿上你的外套。我们要迟到了。

（红色回应1）你真讨厌，让我做我不喜欢做的事情。

（红色回应2）我没有选择。我就像一个奴隶。

（红色回应3）你想让我现在就穿上外套？

（红色回应4）你恐怕我们会迟到吗？

绿色纸条：

（绿色纸条上的话）你把"房子"这个词写错了。

（绿色回应1）你觉得你什么都懂。

（绿色回应2）你想让我按照标准方式来写"房子"？

（绿色回应3）我真笨。

（绿色回应4）我不会写，我再也不写了。

（绿色回应5）我想知道怎么写"房子"。

蓝色纸条：

（蓝色纸条上的话）你不应该现在吃点心。

（蓝色回应1）你又不是我老板。

（蓝色回应2）我总是做错事。

（蓝色回应3）你不喜欢我。

（蓝色回应4）谢谢，我忘了。

(蓝色回应5) 我们班级规定现在不能吃点心。

(蓝色回应6) 我恐怕要被罚了。

(蓝色回应7) 你说话像豺狗一样,你错了。

紫色纸条:

(紫色纸条上的话) 你必须为我们的百乐餐做个派。

(紫色回应1) 你想让我做个派。

(紫色回应2) 你以为你是谁,告诉我该做什么?

(紫色回应3) 我不知道自己要做什么。我很笨,不知道怎么做派。

(紫色回应4) 我想自己选择带什么来参加百乐餐。

黄色纸条:

(黄色纸条上的话) 坐直,有礼貌点。

(黄色回应1) 我做什么都不对。你恨我。

(黄色回应2) 他那样说很没礼貌。

(黄色回应3) 我想好好享受我的午餐,不用担心礼貌问题。

(黄色回应4) 你想让我坐直,是不是因为你担心我这样在别人家里吃饭,他们会不喜欢我?

(黄色回应5) 你让人讨厌,让我在朋友们面前丢脸。

演变与延伸:

- 让学生们不用脚本,自己编一些内容和各种回应。
- 用一些积极正面的句子,比如:"你真的很帅!"或者"你那顶漂亮的帽子是在哪买的?"

主题：倾听

标　　题： 同理心角色扮演
目　　标： 表达和接受理解
活动类型： 同理心对话
小组规模： 2~10人
空间/时间： 能够容纳两个人面对面坐的空间/至少10分钟
材　　料： 非暴力沟通词汇表或者一个提示图上面写着：他们感受怎么样？他们需要什么？
准　　备： 介绍感受、需要和同理心倾听

程序：

选择一个人"乙"，让他分享一些痛苦的、恐怖的、沮丧的或者愉快的经历（或者让他选择在一张纸上写出这些），猜测一下这个人的感受和需要。

让大家都尝试用同理心体会一下这个人的感受。

例子：

乙：这些人真没有礼貌，下课的时候他们总是推推搡搡地挤到门口。

甲：你是不是很生气，想照顾到班上每一个人？

乙：是啊，我有几次也被撞倒了。

甲：所以你还有些害怕？你希望在学校能够安全，是吗？

乙：是啊，他们除了自己谁都不管不顾的。

甲：你是不是觉得大家不能互相关心，心里很难过，希望人们能够更加关心别人？

乙：是啊，他们只想尽快出去，别的什么都不考虑。

甲：你是不是希望人们能够在行动之前考虑一下自己的行为，以及对别人可能造成的影响？

乙：是啊。

其他选择：猜测一个请求：

甲：我想知道你是否想听听班上其他同学有没有相似的感觉？

提示：

- 说话人"乙"不一定要说长颈鹿语言。
- "甲"是否能正确地猜测别人的感受和需要并不重要，重要的是"甲"对别人的感受和需要感兴趣。
- 同理心不是你要说什么做什么，而在于能够完全站在他人的立场思考问题。你不一定要弄清楚事情的来龙去脉，也不一定要正确。
- 提醒说话者经常停顿下，以便给别人时间去体会。
- 如果对听到的，在体会上有困惑，可打断说话者，讲清自己的意思。

练习程序：

把学生分成两人一组。学生"乙"说一件引发生气、害怕、沮丧或者快乐的事情。"甲"猜测"乙"的感受和需要。最后，问所有组的反馈意见——他们觉得角色扮演怎样，什么有帮助，什么是没用的。变换角色，把"甲"变成"乙"，"乙"变成"甲"，继续这个活动。

演变与延伸：

把学生分成三人一组，让一个学生用同理心去体会另一个学生的话，另外一个学生观察。说话的学生不必使用长颈鹿语言。活动结束后，让小组成员分享交流他们在此经历过程中注意到了什么。然后，变换角色。

分成大组，围成一圈坐下，找其中一人诉说。其他人轮流猜测她的感受和需要。这种猜测活动可以采取"爆米花"形式（房间里任何一个角落的任何一个人都可以猜测）或者按照圆圈的顺序（任何人能轮到）。最后，对活动进行评估。

反馈：

当体会环节完成之后，首先，问一下诉说者在这部分活动中以及活动结束后注意到了什么，感受怎么样。然后问一下体会的那个人，他在活动中以及活动结束后注意到了什么，感受怎么样。最后，问问观察的人，他们注意到了什么，感受怎么样。

主题：生气

标　　题：红色旗子
目　　标：认识到生气是需要没有得到满足的一个信号
活动类型：讨论、艺术创作、写作
小组规模：5~15 人
空间/时间：教室/20 分钟
材　　料：筷子（每人一只），剪成旗子形状的红纸，胶带

程序：

注意：这个活动要求理解感受和需要，能够认识到一个人什么时候生气了，并知道怎样去平静或者释放体内怒气。

讨论：

1. 老师：分享你的理解。

   生气是带有个人想法的一种强烈的情感。它是一面"红旗"，提醒我们：

   1) 某个重要的需要没有得到满足；
   2) 我们责备某个人没有满足我们的需要；
   3) 我们将要做令自己后悔的事情。

2. 请别人就上述观点说一下他们的想法和感受。

3. 分享你对于识别感受和需要的理解。

   "如果我们能够不轻易地责怪别人并认识到自己的感受和需要，那么我们就能更好地照顾好自己。"

4. 请大家对上述第3句话说一下他们的感受和反应。
5. 在生气背后潜在的可能是一些其他的感受，比如受伤、伤心、恐惧。想一下，你在生气时的情形。你能否说出生气背后潜在的感受是什么？

活动：

制作一些红色旗子，提醒人们生气背后潜在的一些强烈的感情和需要，我们是能够识别这些感受和需要的。

把一片红纸折叠后贴在一根筷子上，制作出一面红色旗子。在旗子的一面上写：

"我感到……因为我需要……"

学生们可以把旗子放在课桌上，提醒他们注意发现生气背后潜在的一些感受和需要。

主题：生气

标　　题：怒气在哪里？

目　　标：增加对生气的认识，了解它如何通过我们的身体表现
提高自己应对怒气的能力

活动类型：自我认知，制图表
小组规模：整个班级
空间/时间：围成一个圆圈的空间和涂色的地方/20分钟以上
材　　料：画有人体轮廓的单页

程序：

1. 学生站或者坐着围成一圈。老师说："请大家花几分钟时间关注自己的呼吸，你们注意到了什么？"
（给大家1~3分钟时间）。

2. "回顾一下过去生气时的情景。闭上眼睛，现在想想当时的地点、人物以及你生气的原因，注意自己的身体内部发生了什么变化。"

3. "现在睁开双眼，如果愿意的话，跟大家分享一下你刚才注意到了什么。"可能出现的情况：心跳加快、面部发热、眼睛眯起、胃部收紧、双手握拳、牙关紧闭、心惊肉跳、想立马采取行动，等等。

4. 请每个人都在人体表上画出他们的感受，以及有这种感受的部位。学生可以用形状和颜色来表达自己的感觉。

5. 让学生相互分享他们所画的图表。

营造非暴力课堂的方法

主题：生气

标　　　题：怒气测量计
目　　　标：增强对愤怒的认识，亲身经历如何通过识别潜在的感受和需要来平复怒气
活 动 类 型：讨论、画图表
小 组 规 模：随意
空间/时间：教室/每一阶段20分钟
材　　　料：印有怒气测量计的单页、铅笔

程序：

第一阶段

1. 要求学生想一下自己生气时情形。你生气的"热度"怎样？在你的怒气测量计上标上你的怒气"热度"。
2. 想一下你的四个不同时间的生气经历，用尽可能少的话记下这些情况并给它们编上号码1、2、3、4。然后在温度计上标上1、2、3、4来标明你在每次生气时相应的愤怒度（让年龄小的孩子只考虑一个生气时的情况，然后用颜色来标注他们的愤怒度，黄色代表轻微发怒，橘色代表中等发怒、红色代表大怒）。

第二阶段

1. 活动结束后，把怒气转化为感受和需要。
2. 问：把怒气转化为感受和需要之后你感觉怎么样？你现在要

把你的感受标在怒气测量计的哪个位置呢?

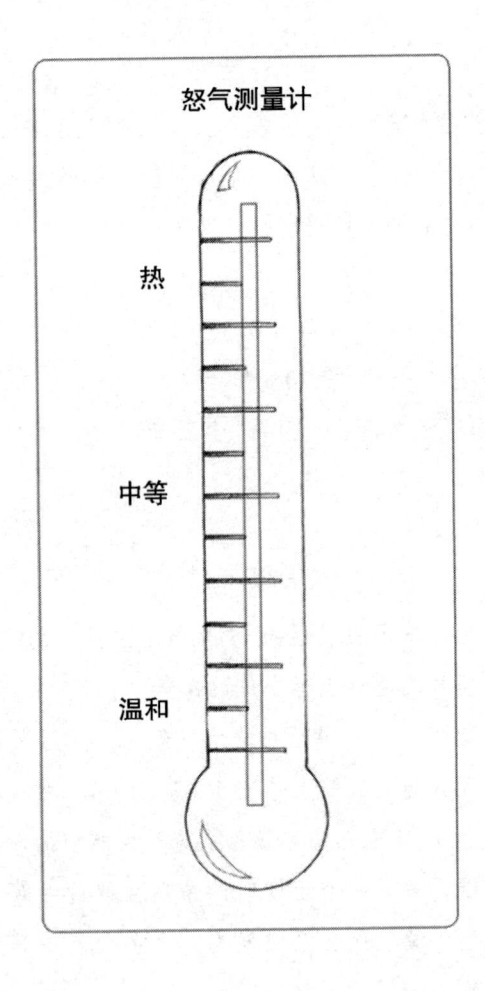

怒气测量计

热

中等

温和

主题：生气

标　　题：把怒气转化为感受和需要
目　　标：通过识别潜在的感受和需要化解怒气
活动类型：讨论和写作（或者口头表达）
小组规模：随意
空间/时间：教室/20分钟以上
材　　料：单页（在下面几页）、铅笔

程序：

1. 通过让学生回顾自己某个生气时候的情形来引入介绍这个活动。把学生所讲的这些情况用尽可能少的话概括后写在黑板上。（"她说我是个讨厌鬼。""他推我。""她给我的考卷评了个差。"）在黑板上写下4~6个情况，然后从第一个情况开始讨论。问一下当事人："这种情况发生的时候，你有什么样的想法？"把这个想法写在该情况后面。然后以此类推。

2. 和学生一起讨论，看看生气的时候自己有哪些想法。通常情况下，这些想法包括某人"应该"做某事而不应该做另外一件事。不管这个"应该"有没有明确讲出来。"应该"的想法通常都有一些说教标记，比如，对/错/好/坏/公平/不公平/合适/不合适。

   需要指出这种豺狗式思考方式让人生气的原因。在生气背后潜藏的是情感和需求。这些情感通常是痛苦或者恐惧。因为虽然需求会随着我们所处的情况变化而变化，但是对我们来说都是很重要的，可是在某个特定的情况下我们的一些需求没有得到满足。

3. 用单页上的各种情况，或者学生自己亲身经历的一些情况帮助他们识别自己的感受和需要。注意当不再生气时，这些感受与需要的差异。

引起生气的各种情况

由于班级外出考察，我没去溜冰。

感受 _____ 需要 _____

我朋友的父母不肯让我留宿。

感受 _____ 需要 _____

有人说我在比赛中作弊了。

感受 _____ 需要 _____

有人在我朋友面前说我"很笨"。

感受 _____ 需要 _____

有人说我的新衬衣很"丑"。

感受 _____ 需要 _____

我丢了一个球以致我们队在锦标赛中败了。

感受 _____ 需要 _____

我摔伤了，却有人大笑。

感受 _____ 需要 _____

操场上的孩子说我不能跟他们玩。

感受 _____ 需要 _____

我的祖母因为抽烟生病去世了。

感受 _____ 需要 _____

一个很酷的生日派对没邀请我参加。

感受 _____ 需要 _____

父母没跟我好好说话而是对我大吼。

感受 _____ 需要 _____

因为有人给我的狗吃了巧克力，它现在很难受。

感受 _____ 需要 _____

我不太明白这项任务，所以到现在还没有完成作业。

感受 _____ 需要 _____

| 主题：日常生活中的长颈鹿语言

标　　题：沟通管道
目　　标：注意沟通信息的流向
　　　　　知道什么时候说话，什么时候倾听
活动类型：示范和角色扮演
小组规模：随意
空间/时间：教室/20分钟
材　　料：干净的有机玻璃管（直径1.5英寸，长度18~24英寸）或者一个透明的物体卷成一根管子的形状，两个不同颜色的彩色围巾，两个24*5英寸的木钉（或者两根筷子），角色扮演所需要的脚本

程序：

1. 示范：用"交流管"和围巾。把这个管子拿到自己眼前，通过管子向外看。与每个学生进行目光交流，显示这个管子是畅通无阻的。

   想象一条围巾代表你的信息。用一个木钉把这条围巾塞进管子的一端，同时用"经典长颈鹿语言"说出你的信息：说出你的观察、感受、需要和请求。交流进展顺利的话，我们可以这样轮流反复进行沟通。示范的时候，可以在相反的方向放入另外一条围巾，并推它通过这个管道。

2. 现在想象一下，有人在你还没有把信息传递完之前就做出了

反应。可以这样做示范：你说话的时候把围巾塞进管子并往前推，然后碰到了从另外一端塞进管子的那一条围巾。这就是语言上的交通堵塞。两个人都不能顺利传达自己的信息，不能让对方听到自己所说的内容。

如何摆脱语言交通堵塞：

3. 如果一个人从管子里取出自己的围巾，理解自己的处境，猜测别人的感受和需要，那么这个管道就会重新畅通。（把围巾从管道里推出去，示范信息成功送出。）一旦管道畅通之后，沟通流就改变了，第一条信息可以重新发送了。在倾听别人需要的过程中，这个信息可能有所改变。（把另外一条围巾也从管道中推出，示范一次成功的信息沟通。）

4. 老师把这个模式示范几次：她发出一个初始信息，打断，取出围巾表示理解，让另外一个人重新发出自己的信息，等等。学生两人一组进行角色扮演，发出自己的信息，用围巾代表信息传送。

摘自《练习、练习、练习：非暴力沟通插图学习指南》，霍利·汉弗莱

主题：日常生活中的长颈鹿语言

标　　题：角色扮演
目　　标：体验我们在表达自我，倾听别人心声的方式上的多种选择。练习非暴力沟通过程
活动类型：互动、戏剧对话
小组规模：随意
空间/时间：随意
材　　料：书面的角色扮演或者真实生活场景，非暴力沟通四要素图表（参阅第四章）
准　　备：预先练习整个非暴力沟通过程

程序：

1. **参与者"甲"描述场景：**

   1）甲的角色：我需要用卫生间，我姐姐已经待在里面很长时间了，她却不让我进去。

   2）甲想让"乙"扮演的角色：你就是我姐姐。

   3）如果对话发生的时间和地点与角色扮演内容相关，就列举出来：今天早上，我上学前10分钟。

   4）一两句话供"乙"参考：我姐姐说："别烦我，你已经用过了。"

   注意：如果故事内容对于角色扮演很重要，"甲"可以把故事讲得详细一些。分小组进行练习，不必解释场景。在角色扮演过

程中"甲"可以给"乙"做出一些指导，使场景更真实："不，我姐姐不会这么说，她可能会说……"

2. "乙"说了开场提示语之后，演出就开始了。通常"甲"说长颈鹿语言，"乙"说豺狗语言。

   其他选择：如果这样不适合"甲"，"甲"可以说豺狗语言，"乙"说长颈鹿语言。

   另外一种选择是"乙"戴上长颈鹿耳朵，用同理心体会"甲"，直到"甲"也能用"同理心"体会乙。

3. 整个演出结束后，或者事先安排的结束时间到了之后，给"甲"和"乙"机会让他们讲一下哪些地方有效，哪些没有帮助，他们学到了什么。观察者也可以说一下他们的所见所感。

演变：

学生可以先用豺狗语言演出这个场景，然后让另一个同学用长颈鹿语言。

主题：日常生活中的长颈鹿语言

标　　题：调停
目　　标：学会如何调停矛盾
活动类型：角色扮演
小组规模：随意
空间/时间：随意
材　　料：长颈鹿玩偶、长颈鹿耳朵
示　　范：使用玩偶和耳朵来调停的程序
设　　置：选三个扮演者，一个演调停人，另外两人演争吵的双方，选择一个冲突情况。

程序：

1. 调停人给一个人长颈鹿玩偶，给另外一个人长颈鹿耳朵。
2. 调停人看着拿长颈鹿玩偶的人，并说"事实"还是"观察"。
3. 拿玩偶的人说出情况的事实。如果她说的不是事实上发生的情况，调停人打断她或者把她的话适当转述。
4. 调停人对拿玩偶的人说"感受"，拿玩偶的人说出自己的感受。
5. 调停人对拿玩偶的人说"需要"，拿玩偶的人说出自己没有得到满足的需要，正是这些需要引起她的感受。
6. 调停人对戴着长颈鹿耳朵的人说："你听到了什么情况？"戴耳朵的人做出回应。

7. 调停人问拿玩偶的人:"你说的是这个意思吗?"拿玩偶的人回答"是"或者"不是"。如果回答"不是",那么调停人让拿玩偶的人把所说的事实重复一遍。调停人向戴耳朵的人核实,找出他听到了什么……他们一直重复这个过程,直到说话人满意为止。
8. 调停人问戴耳朵者,"你听到什么感受和需要?"戴耳朵的人做出回答。
9. 调停人问拿玩偶的人:"他听懂你的意思了吗?"拿玩偶的人回应问题。
10. 冲突双方互换角色和道具重复第3~9步。
11. 调停人问任何一方是否能想出办法满足双方需要。
12. 如果他们同意一个解决方案,调停人要对他们表示祝贺。
13. 如果在规定的时间内没有达成一致,再定一个时间继续这个过程。

示范完这个步骤之后,让学生在全班演出完整情节的故事。

把玩偶和耳朵留着将来调停的时候再用。

主题：日常生活中的长颈鹿语言

标　　题：共同创建规则
目　　标：为课堂制定统一的基本规则

　　如果每一个受到规则影响的人都能够参与制定规则，课堂就会有所变化，有助于建立师生相互关心体恤的课堂关系。让每个人都成为课堂的参与者，每个人的需要都得到倾听和考虑，每个人都有机会参与影响自己日常生活的一些事情的决策。共同创建课堂规则能够满足师生的多种需要，例如参与、尊重、关心和确保大家的需要得到重视等。

　　相反，在典型的以教师为主导的课堂上，老师的需要比学生的需要更重要。老师制定规则，决定违反规则的后果。这样，老师就变成了警察，会关注学生是否犯规，对犯规的学生实施惩罚。

　　要共同创建班级规则，我们首先要在班级讨论或者以讨论会的形式问两个问题："你想要什么样的课堂？什么才能让你足够安全地做自己？"

　　经常被提到的需要有：安全、学习、尊重、照顾他人、关心环境。需要清单列出之后，同学们就可以列出一些有助于满足这些需要的行为。

　　如果班级有人做某件事不能满足大家所说的这些需要，会发生什么？有以下几种可能性：

　　·任何人都可以表达他们的观察，他们的哪些需要没有得到满

足,他们的请求是什么。
- 任何人都可以提出请求:"你乐意找某个人来用同理心体会你未满足的需要吗?"
- 学生们可以创建"自我体会角",当他们需要花点时间重新连接自己的需要时,就可以选择走到那个角落。
- 学生可以请求别人用同理心支持自己。

主题：日常生活中的长颈鹿语言

标　　题：展示卡片
目　　标：学习表达感受和需要的词汇
　　　　　识别感受和需要
活动类型：签到
小组规模：整个班级
空间/时间：教室
材　　料：感受和需要卡（参阅下文）

程序：

1. 分别复印 10 张感受卡和 10 张需要卡，分发给每个学生。建议使用厚纸或者卡片纸。

2. 让学生在每张感受卡背后写上一种感受，在需要卡背后写上一个需要。

3. 老师让学生展示卡片看看 1）学生感受怎么样，2）不管发生什么情况，看看哪些需要得到满足，哪些需要没有得到满足。

其他选择：

给自己的卡片涂上颜色。
增加一些卡片到他们那副卡片里。

演变：

1. 学生要求展示卡片。
2. 学生到达学校之后，挑一些感受卡或者需要卡放到课桌上，这样别人能够更好地了解他们今天"过得怎么样"。

教室里的非暴力沟通

感受卡

感受　　感受

感受　　感受

Section II
营造非暴力课堂的方法

175

需要卡

| 需要 | 需要 |
| 需要 | 需要 |

主题：日常生活中的长颈鹿语言

标　　题：讨论会
目　　标：给每个同学表达的机会
　　　　　给每个人倾听的机会
　　　　　挖掘集体的智慧

　　在世界上，在重视平等、相互依存、诚实和尊敬的社区文化中，讨论会的形式很行得通。大家围成一圈，以便互相看到，每个人都有发言的机会。通常情况下，传递发言棒，拿到发言棒的人发言。当一个人说的时候，其他人倾听。对发言人的指导意见是发言要简短真诚。建议倾听的人要专注地在课堂上，讨论会是满足大家包容、理解、联系和练习真诚沟通等需要的好方法。

　　在学生组成的小组中，通常会用讨论会的形式，让学生相互分享他们目前的感受和需要。讨论会也可以让学生分享对某个事件或者问题的反应。比如1）班里正在学的一门课程，2）学校的某个情况或者3）世界大事。任何人都可以召开讨论会，来讨论一个具体的话题。

　　在基本讨论会的基础上衍生出来的一种形式就是玻璃鱼缸式会议，这种会议形式非常受欢迎。一个小组的人围成一个圆圈，外面围一圈听众。内圈的学生说话，外圈的倾听。这种形式的讨论会曾经在加利福尼亚州的卡平特提里亚市的小学五年级使用过。首先，女孩子在里面围成一圈，轮流谈论她们认为进入青春期的挑战与乐趣。男孩子们倾听。随后，男孩子在里面围成一圈，讨论进入青春期所遇到的困难与乐趣，女孩子们倾听。然后他们围成一个大圆圈，分享自己所听到的内容和学习到的知识。同学们说，在互相倾听之后，他们彼此更加了解，更能欣赏对方了。

主题：日常生活中的长颈鹿语言

标　　题： 长颈鹿式便条
目　　标： 培养创作、写作以及表达长颈鹿式感谢的一些技巧。
活动类型： 写作
小组规模： 随意
空间/时间： 15 分钟展示
材　　料： 长颈鹿式便条的格式（参考下文）
准　　备： 熟悉观察、感受、需要和请求四要素

程序：

1. 回顾一下，为满足你的需要，别人是怎么帮助你的，从而引入介绍长颈鹿式便条。
2. 演示怎么样填写表达感谢的长颈鹿便条。
3. 学生们写出一个长颈鹿式便条并且把它送出去。
4. 学生可以分享他们写这个便条后的感受，什么需要被满足了；他们也可以分享收到一个便条后的感受；收到班上同学的感谢，满足了自己的什么需要。

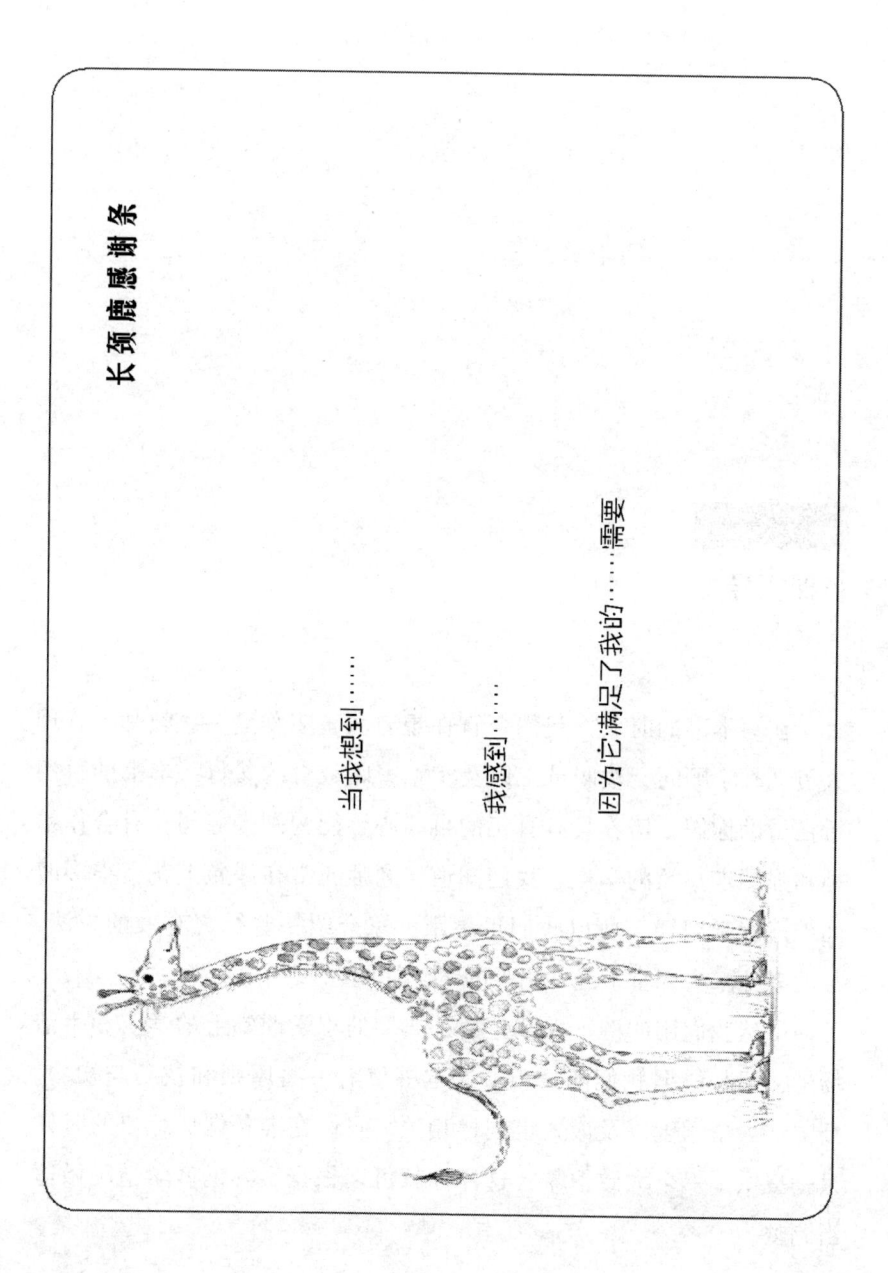

Section II
营造非暴力课堂的方法

长颈鹿感谢条

当我想到……

我感到……

因为它满足了我的……需要

Chapter 6
备课指导

在写本书的时候，我们一直在想着教育工作者——教师、管理人员、教学顾问、教职员工以及实施家庭教育的父母。本书的目的旨在帮助你们，培养具有真正的自尊心、能为别人着想、有合作精神和强烈求知欲的学生。我们知道，老师通常在课堂上花费很多时间维持课堂纪律，所以我们也想跟大家介绍一些行之有效的方法，帮助老师减少课堂上经常出现的"纪律问题"。

虽然我们用的例子大部分都是典型的小学课堂上的学习和生活场景，但是根据我们的经验，这本书里的一些原则和技巧与初中、高中、大学学生以及成人也同样相关。我们在准备课后练习的时候只是提供了一个大致框架，这样你就可以根据实际的教学情况做适当调整。

营造非暴力课堂的方法

我们增加了备课指导这一部分，帮助你根据本书提供的练习和资料轻松制订教学计划。我们再次强调，这些只是一个大致框架，你可以根据自己的学生、课堂时间以及课程设置来改进。下面的备课建议可以转化成多种处理方式，包括分成大组、小组、二人组、三人组讨论；画画并口头交流所画的内容；进行角色扮演；写日记、散文、文章或者书信等等。

备课建议

··第一部分：教与学的关系··

第一章：创建安全和信任的教学环境，展示如何营造让学生感觉安全和信任的学习环境。

在一学年开始的时候：

- 讨论安全和信任的重要性以及人身安全和心理安全的区别。
- 以多种方式与学生探讨第一章的内容。学生将会非常感兴趣，想知道在人身安全和心理安全受到威胁的时候自己会发生什么样的生理变化。
- 学生辨别自己在哪里、与谁在一起的时候感觉安全。
- 创建小组协议：班级成员组成小组，制定大家都同意的协议来代替老师决定的班级规则。
- 为了营造让学生觉得人身和情感安全的学习环境，老师和同学们一起讨论，列出大家乐意做的事情。
- 老师：在这个清单上列出能够让你感觉安全的行为也是很重要的。
- 引导学生做一个协议，上面列举出为保证大家有一个安全的学习环境自己愿意做哪些事情。

- 让学生把这个协议做成海报，贴在墙上大家都能看到的地方，在一整年里大家都可以参考这个协议，或者根据需求对它进行修改。

（在一些班级，小组协议是由全班同学共同签订的。）

（参看第五章，日常生活中的长颈鹿语言，共同创建规则。）

第二章：课堂上的各种关系给大家提供了一个机会，让作为老师的你仔细审视自己目前在课堂上做了些什么，将来想做什么等问题。这个像检查表一样的格式帮助你评估课堂上的四种关系：你与自身的关系、与学生的关系、学生之间的关系、学生与他们自身以及与学习的关系。这一章提供了很多建议和方法，帮助大家巩固这几种关系。

学生之间的关系：既然学生已经讨论了安全和信任问题，确定了他们需要什么样的课堂互动才能感到人身和心理安全。学生之间的关系这部分内容可以用来激发学生思考和讨论互动交流的方式。这一部分为营造相互关心体恤的课堂氛围提供了很多主意。

建议将这部分每一个小标题下的内容都单独用一节课来讲：

- 学生之间怎样相互分享礼物？
- 学生怎样交流他们的感受和需要？
- 学生是对提出别人请求还是要求？
- 学生多长时间才能为自己在课堂上的学习生活做一次决定？
- 学生能够在多大程度上共同学习、相互学习？
- 学生是否有各种不同的论坛，能够表达自己的观点，倾听别人的想法？

学生与学习之间的关系：这部分让学生注意到自己与学习过程的关系，介绍一些帮助他们活跃学习氛围的方法，更加负责任地选择自己的学习内容和学习方式。

建议将这部分每一个小标题下的内容都单独用一节课来讲：

- 学生们是否知道自己兴趣所在，有何天赋以及自己的学习方式？
- 学生是否积极参与学习？
- 学生是否参与制定学习目标？
- 学生是否参与评估自己的学习？
- 老师对学生作业的评价是否能帮助学生学习？
- 学生怎样看待错误和失败？
- 对于人类生命的研究，在多大程度上跟社区、其他生命形式、整个生物圈和地球有关？
- 课程设置是否能让学生觉得有意义？

第二部分：和年轻人一起营造教室里的非暴力沟通的方法和策略

第三章：重新发现你由衷给予和接受的天性，介绍了五个前提，作为体恤课堂的一个框架，也是非暴力沟通的基础。这些前提让学生对自己和他人的关系的一些观念进行考虑和审问。这些前提和练习可能会激发一些讨论和洞察。每个前提后都附有练习支持大家的学习。

- 把每个前提下面的小标题作为一节课讲。很多小标题下面都有一些练习，帮助你快速备课。

  根据学生的需求，这五个前提的顺序可以适当调整，不一定按照本书介绍的顺序。

  （参阅本书前提及小标题的概述。）
- 让学生做一个需要海报，贴在墙上大家都能看到的地方。
- 让学生做一个感受海报，贴在墙上大家都能看到的地方。
- 介绍168页的"日常生活中的长颈鹿语言"活动：展示卡片。

第四章：重新学习由衷给予和接受的语言，讲解了如何培养一些技巧，帮助学生学会倾听别人的心声，有效并体贴地与自己和别人沟通。

- 这一章的每一个黑体标题都能用来准备3~4节课。黑体标题包括：目的、沟通信息流向、观察、感受、生气、需要、请求、倾听自己：自我体会，倾听别人：同理心体会。

  用第五章里关于观察、感受、需要、倾听、生气和整体模式的游戏和活动来充实你的备课内容。
- 让学生讨论并做一张"你在使用什么语言"的海报，鼓励他们在表格的两边增加自己的想法。
- 让学生讨论并做一些长颈鹿表达方式和长颈鹿倾听/体会的表格贴在墙上。
- 对于年龄比较小的学生，复印181页的长颈鹿感谢便条。放一堆在教室里，帮助学生找尽量多使用这些便条的机会。有些学生可能想自己设计一些便条。

第五章："通过活动和游戏培养沟通技能"已经经过老师验证，

推荐了一些有助于学习的游戏和活动。在 109 页上面有关于这些活动和游戏的目录。很多活动可以做适当调整,帮助各个年龄段的学生学习。

附录：

参考文献

Section I
Chaper 1

1 Alfie Kohn, *No Contest: The Case Against Competition*, Houghton Mifflin Company, 1992.

2 Daniel Goleman, *Emotional Intelligence*, Bantam, 1995.

3 Vilma Costetti, *Nonviolent Communication: Experimental Project in Primary Schools*, 2000.

4 James Garbarino and Ellen deLara, *And Words Can Hurt Forever: How to Protect Adolescents from Bullying, Harassment, and Emotional Violence*, Free Press, 2002.

5 Daniel Goleman, *Emotional Intelligence*, Bantam, 1995. Alfie Kohn, *Beyond Discipline*, Association for Supervision & Curriculum Development, 1996.

6 Daniel Goleman, *Emotional Intelligence*, Bantam, 1995.

7 Joseph Chilton Pearce, "Introduction," in Doc Lew Childre, *Teaching Children to Love*, Planetary Publications, 1996.

8 Doc Lew Childre, *Teaching Children to Love*, Planetary Publications, 1996.

9 Janet L. Surrey, "Relationship and Empowerment," *Work in Progress*, Stone Center Working Papers Series.

10 William Glasser, *The Quality School*, Harper Perennial, 1992. *The Quality School Teacher*, Harper Perennial, 1993.

11 Abraham Maslow, *Toward a Psychology of Being*, Van Nostrand, 1962.

12 William Glasser, 1992, 1993.

13 Virginia Satir, *PeopleMaking*, Science & Behavior Books, Inc., 1972.

Chapter 2

1. Parker Palmer, *The Courage to Teach: Exploring the Inner Landscape of a Teacher's Life,* Jossey-Bass Publishers, 1998.

2. Mary Parker Follett, *Creative Experience,* Longmans Green, 1924. Mary Parker Follett, *Dynamic Administration,* Harper & Brothers, 1942.

3. Janet L. Surrey, "Relationship and empowerment," Work in Progress, Stone Center Working Papers Series.

4. Marshall B. Rosenberg, *Life-Enriching Education,* PuddleDancer Press, 2003.

5. Riane Eisler, *Tomorrow's Children: A Blueprint for Partnership Education in the 21st Century,* Westview Press, 2000.

6. Personal communication with Marianne Gothlin, 2002.

7. Personal communication with Marianne Gothlin, 2002.

8. Alfie Kohn, *Beyond Discipline,* Association for Supervision & Curriculum Development, 1996.

9. Personal communication with Marianne Gothlin, 2002.

10. Marshall B. Rosenberg, 2003.

11. J. Krishnamurti, *Education and the Significance of Life,* Harper & Row, 1953. J. Krishnamurti, *On Education,* Harper & Row, 1974. William Glasser, 1992 & 1993. Alfie Kohn, 1996. Carl Rogers, *Freedom to Learn,* Charles E. Merrill, 1969. Carl Rogers, *On Personal Power,* Delacorte, 1977. John Dewey, *Experience and Education,* Touchstone Books, 1997.

12. Mariaemma Willis and Victoria Kindle Hodson, *Discover Your Child's Learning Style,* Prima Publishing, 1999.

Section II
Chapter 3

1. Alfie Kohn, *The Brighter Side of Human Nature,* Basic Books, 1990.

2. Red and Kathy Grammer, "See Me Beautiful," in Teaching Peace (music CD), RedNote Records, 1986.

作者简介

苏拉·哈特和维多利亚·霍德森共同创作了《没有错误的课堂》(*The No-Fault Classroom*) 和《亲子间的非暴力沟通》(*Respectful Parents, Respectful kids: 7 key to turn Family Conflict into Co-operation*)（华夏出版社出版）。两人拥有 45 年的教学经验，包括教育学生和培训教师、管理人员以及家长。她们共同创建了 Kindle-Hart 交流法并在 20 多年间一起致力于开展各种形式的工作坊，促进对教师和家长的教育。

苏拉·哈特老师是一位获得非暴力沟通中心认证的国际培训师。她为培训学生、家长、教师、学校管理人员设计并推行了系列培训课程。她曾在教学一线工作，并教过一些问题青年，创建并实施了系列关于领导能力、有效沟通、生理卫生和解决矛盾的方案。

维多利亚·霍德森，获得教育学和心理学学位，曾经在公立和私立学校的教学一线工作过。她是加利福尼亚州凡吐拉市 Learning-Success 学院的主管之一，在这里，教师、学校管理人员、治疗专家和学生家长会接受一些辅导技巧的培训。她和梅里亚姆·威利斯共同著作了畅销书《发现你孩子的学习方式》（*Discover Your Child´s Learning Style*）。维多利亚目前正在美国和加拿大的一些获得特许的学校推行非暴力沟通和成功学习原则及实践活动。

更的参考请访问网页：www. k-hcommunication. com。